Les mutations du droit applicable à la contrainte

Collection Sécurité et Société
dirigée par François Dieu

Cette collection publie les travaux de chercheurs de toutes disciplines intéressées par les problèmes de sécurité. Elle se propose d'aborder ces questions en toute liberté de problématique et de méthodologie, en étudiant notamment le développement des fonctions et institutions policières, les politiques publiques de sécurité, les manifestations de violence et formes de délinquance qui menacent les sociétés contemporaines, les risques techniques et les systèmes de protection qu'ils suscitent.

Dernières parutions

Sarah-Marie CABON, François DIEU et Xavier LATOUR (sous la dir.), *La gendarmerie outre-mer*, 2019.
Maurice CUSSON, *L'antiterrorisme à l'âge du djihadisme*, 2018.
François DIEU, *L'identité du gendarme*, 2018.
Jean-François IMPINI, *Délinquance sérielle et police judiciaire*, 2017.
Jean-Stéphane VIALLEFONT, *Terrorisme, islamisme et sacrifice. La mort en transfiguration*, 2016.
Pierre THYS, *Les armes « à létalité réduite »*, 2010.
Chikao URANAKA, *Police et contrôle social au Japon*, 2010.
François DIEU et Pascal SUHARD, *Justice et femme battue. Enquête sur le traitement judiciaire des violences conjugales*, 2008.
Laurent MUCCHIELLI (sous la dir.), *Gendarmes et voleurs*, 2007.
Jean-Hugues MATELLY, *Une police judiciaire... militaire ? La gendarmerie en question*, 2006.
François DIEU (sous la dir.), *Questions de sécurité*, 2006.
François DIEU, *Police de la route et gendarmerie*, 2005.
Alain PINEL, *Une police de Vichy. Les groupes mobiles de réserve (1941-1944)*, 2004.
François DIEU, *Policer la proximité. Les expériences françaises, britanniques et new yorkaises*, 2003.
Christian CHOCQUET, *Terrorisme et criminalité organisée*, 2003.
Benoît DUPONT, *Construction et réformes d'une police : le cas australien*, 2003.

Sous la direction de
Aurélie Cappello,
Charlotte Dubois,
Xavier Latour

Les mutations du droit applicable à la contrainte

L'Harmattan

5-7, rue de l'Ecole-Polytechnique, 75005 Paris
http://www.editions-harmattan.fr
ISBN : 978-2-343-19846-0
EAN : 9782343198460

Sommaire

I. Introduction : Xavier Latour 9

II. Formation et déontologie : Sébastien Cojean 21

III. La place de la légitime défense dans l'action de la gendarmerie : Yves Mayaud 33

IV. L'usage de la force : Aurélie Cappello 43

V. Le maintien de l'ordre, aspects légaux (loi anti-casseurs) : Marthe Bouchet 55

VI. Contrainte étatique et manifestation de rue : François Dieu 71

VII. Le maintien de l'ordre, aspects pratiques (doctrine du maintien de l'ordre et armes utilisées) : Pierre Casaubieilh .85

VIII. Espace cyber : la contrainte légitime dans l'espace numérique : Marc Watin-Augouard 91

IX. Contrainte préventive et ordre public : Christian Vallar..111

X. Points de vue sur les compétences du juge administratif et du juge judiciaire : Pauline Le Monnier de Gouville et Yan Laidié 127

XI. À la recherche d'un équilibre dans le contrôle de la contrainte par la Cour européenne des droits de l'homme : le cas de la liberté de manifestation : Hélène Tourard 167

XII. La responsabilité de l'Etat et du gendarme en cas de mauvais usage de la contrainte : Michel Labbé 187

XIII. Propos conclusifs : Éric Mathais 193

I. Introduction

Xavier Latour
Professeur de droit public, Université Côte d'Azur,
CERDACFF (EA 7267),
Secrétaire général de l'Association française de droit
de la sécurité et de la défense (AFDSD)

L'exercice de l'autorité ne se dissocie pas de celui de la contrainte pour que force reste à la loi.

Pourtant, les serviteurs de la loi, les forces publiques auxquelles renvoie l'article 12 de la Déclaration des droits de l'homme, ne confondent pas la contrainte et la violence. L'acte de force exercé sur un individu ne relève pas de l'arbitraire ou de l'acte gratuit. Il s'insère dans un environnement juridique conçu pour encadrer des situations factuelles dans leur diversité et leur complexité. La contrainte mise en œuvre par les forces publiques, particulièrement par les soldats de la loi que sont les gendarmes, ne vaut que par une combinaison entre légalité et légitimité.

La France a construit un cadre juridique très élaboré destiné à garantir « le juste exercice de la force »[1]. Du bloc de constitutionnalité aux dispositions réglementaires, le droit tempère la contrainte pour la rendre compatible avec les libertés de l'individu.
Cette préoccupation a longtemps prévalu en matière de police judiciaire. La répression représente, en effet, le domaine de prédilection de l'exercice de la contrainte légitime. En règle générale, la commission d'une infraction pénale tend à susciter une réponse des forces de l'ordre. La violence illégitime appelle la violence légitime. L'interpellation, la légitime défense, la garde à vue, le rétablissement de l'ordre constituent autant de formes d'exercice de la contrainte justifiées par la volonté de rétablir la paix sociale.

---

[1] C. VIGOUROUX, *Du juste exercice de la force*, O. Jacob, 2017.

Rien ne remet en cause ces façons traditionnelles d'appliquer la contrainte, sauf une intolérance de plus en plus grande de la société à un exercice perçu, à tort ou à raison, comme étant disproportionné. La force n'est pas condamnée en tant que telle, seul l'usage potentiellement abusif l'est. Cette allergie accentuée à la contrainte illégitime exerce en toute logique une influence sur le droit[1].

La vigilance de la société et la prudence de l'État s'inscrivent dans un contexte évolutif. Plusieurs facteurs expliquent de nouvelles façons d'apprécier la contrainte. Son inscription dans l'État de droit ne suffit plus à comprendre son environnement juridique.
Les gendarmes vivent, au quotidien, ses mutations. Elles concernent leurs missions et les moyens utilisés pour les exercer.
La distinction entre la police administrative et la police judiciaire a inspiré de belles pages de doctrine autant que de grands arrêts. Plus concrètement, la première n'exclut évidemment pas la contrainte, mais le curseur se place plutôt au bas de l'échelle, sauf cas particulier. Les gendarmes savent cependant que la police administrative change et, en même temps, son positionnement par rapport à la police judiciaire. La volonté d'anticipation ou, en d'autres termes, la prévention motive l'extension des prérogatives de police administrative qui deviennent de plus en plus contraignantes. Le terrorisme a bouleversé des esprits déjà fragilisés par des années de hausse d'une délinquance violente mal tolérée.
Dans le même temps, la contrainte suit les évolutions des moyens. Elle prend d'autres formes pour s'adapter à la société contemporaine totalement perméable aux technologies de communication et qui appelle, en retour, la mobilisation de technologies de sécurité[2]. L'acte de force traditionnel ne disparaît évidemment pas. Il côtoie désormais d'autres façons pour les

---

[1] X. LATOUR, « La transparence appliquée aux relations entre la police et la population », *Les Cahiers de la sécurité,* n° 40, 2017, p. 112-122.
[2] X. LATOUR, « Sécurité intérieure : un droit ''augmenté'' ? », *AJDA* 2018, p. 431-439.

forces de l'ordre d'agir dans la sphère individuelle à la fois d'une manière très intrusive, très contraignante, et très discrète.

Les gendarmes, détenteurs de la force, s'interrogent à juste titre sur les contours de la contrainte qui ne se limite plus à ses formes traditionnelles.

Ils sont confrontés à une extension significative des formes de contrainte (1), laquelle induit pour des praticiens du droit des interrogations sur leurs relations au contrôle juridictionnel (2).

1. L'extension significative des formes de contrainte

Paradoxalement, la contrainte ne diminue pas. La prégnance des libertés individuelles, les discours sur l'État de droit pourraient pourtant inciter à le penser. Plus subtilement, la contrainte tend, au contraire, à prendre des formes plus acceptables et diverses. Tout en conservant une dimension matérielle, elle pénètre le champ de l'immatériel (1.1). Dans le même temps, elle devient préventive (1.2).

1.1. De la contrainte matérielle à la contrainte immatérielle

La contrainte matérielle, voire physique, exercée sur un individu connaît des évolutions régulières.
Le droit contraint la contrainte en l'enserrant dans des dispositifs toujours plus perfectionnés. Dans un subtil mélange de règles d'engagement, de recours à la technologie, de gestion des ressources humaines (formation), l'État entend domestiquer sa propre puissance. Il cherche à convaincre du bien-fondé de sa force en rendant son emploi transparent. L'introduction des caméras dans les salles de garde à vue ou dans les activités opérationnelles[1] (caméras-piétons) relève de cette logique. Aux

---

[1] X. LATOUR, « Souriez, vous êtes (encore) filmés », *JCP A* 2017, 57 ; J. MILLET, « La caméra-mobile des forces de sécurité intérieure : un régime juridique précisé », *JCP A* 2017, 2069 ; « La loi du 3 août 2018 relative à l'harmonisation de l'utilisation des caméras mobiles par les autorités de sécurité publique », *JCP A* 2019, 2006.

dérives supposées des contrôles d'identité ou des tirs d'armes non létales, l'État répond par la mise en images.
Alors que les moyens matériels au service de la contrainte se multiplient, des débats surprenants apparaissent. Des procédés *a priori* moins dangereux (armes non létales) sont plus critiqués que des armes létales, ce qui laisse les professionnels face à un choix cornélien : être victimes ou être auteurs de dommages graves.
Comme en réponse aux inquiétudes relatives à l'usage de la force pendant les opérations de maintien de l'ordre, des voix s'élèvent pour demander une évolution du cadre juridique plus favorable aux forces de l'ordre[1].

Les évolutions du droit applicable à l'usage des armes létales traduisent l'ambivalence de la société à l'égard de la violence. Après avoir été soumis à un droit différent de celui applicable au policier, le gendarme a intégré les exigences de la jurisprudence de la Cour de cassation[2]. La volonté du juge n'était pas seulement de rapprocher le cadre juridique par souci de cohérence, mais de réduire les possibilités d'emploi de la force des militaires de la gendarmerie. Cette tendance à tenir la contrainte n'a été assouplie que par la menace terroriste et un degré élevé de violence contre les forces de l'ordre. Cela a conduit à l'actuelle rédaction de l'article L 435- 1 du code de la sécurité intérieure[3] (CSI).

À ces formes de contraintes matérielles s'ajoutent de plus en plus des manifestations d'une contrainte immatérielle.
Certes, la thématique n'est pas nouvelle. Les forces de sécurité pratiquent depuis longtemps des opérations de surveillance des communications. Pourtant, depuis quelques années, ce type de contrainte gagne en importance autant qu'en subtilité.

---

[1] J. MARGOT, « De l'urgence de réviser le régime juridique de l'emploi de la force en situation insurrectionnelle ou le petit matin après le Grand Soir », *JCP A* 2019, 2052.
[2] Crim. 18 février 2003, *bull. crim.* 2003, n° 41 ; J. MILLET, « Le droit d'usage des armes des forces concourant à la sécurité intérieure », *JCP A* 2016, 2257.
[3] C. TZUTZUIANO, « L'usage des armes par les forces de l'ordre », *RSC.* 2017, p. 699.

Elle se fait plus diffuse, plus discrète aussi, certains la qualifieraient de plus sournoise. Exercée dans un cadre judiciaire comme administratif, elle utilise les potentialités de la géolocalisation, de la surveillance en temps réel, des algorithmes, qui conduisent à des ingérences marquées dans la sphère privée. Le Livre 8 du CSI consacré aux techniques de renseignement en expose l'étendue, pour mieux en encadrer l'usage[1]. La loi 2016-731 du 3 juin 2016 en a largement ouvert l'utilisation à la police judiciaire. S'il ne s'agit pas de forcer physiquement un individu, le droit a évolué pour permettre aux forces de sécurité de forcer les barrières de son intimité, plus seulement *a posteriori,* mais bien en temps réel, sans obtenir l'aval d'un juge.

Dans un même ordre d'idées, le développement des menaces immatérielles a impliqué de substantielles évolutions. Le code de procédure pénale et le code de la défense offrent plusieurs illustrations des capacités accordées par le droit[2].

La contrainte se déploie dans une autre direction. Le droit met en évidence la montée en puissance d'une dimension préventive.

1.2. La montée en puissance de la contrainte préventive

De longue date, le droit administratif connaît le recours à la contrainte pour des motifs d'ordre public. L'hospitalisation d'office (« hospitalisation sous contrainte ») sur décision préfectorale (article L 3213-1 et s. du code de la santé publique), ou encore la rétention des étrangers en situation irrégulière (article L 551-1 et s. du code de l'entrée et du séjour des étrangers et du droit d'asile) illustrent, par exemple, cette situation. Même les contrôles d'identité peuvent être administratifs.

Ces prérogatives de police administrative se développent quand, parallèlement, le droit pénal prend une tournure anticipatrice.

---

[1] A. DEPRAU, *Renseignement public et sécurité nationale,* thèse Paris 2, 2017, p. 794.
[2] M. QUEMENER, *Le droit face à la disruption numérique,* Gualino, 2018, p. 360.

La mise à distance du danger motive la prévention. En droit, l'application prolongée de 2015 à 2017 de la loi du 3 avril 1955 relative à l'état de l'urgence, combinée à son approfondissement législatif, a largement accentué le phénomène. La diversité des pouvoirs conférés aux forces de l'ordre traduit la volonté du législateur de les transformer en bras armé non de l'autorité judiciaire, mais de l'autorité administrative.
En situation de crise, la contrainte devient multiforme. Certaines distinctions s'opacifient entre les pouvoirs de police administrative et de police judiciaire, en particulier en matière de perquisition. Dans un autre domaine, les assignations à résidence soulèvent l'inévitable question de l'atteinte à la liberté individuelle. Ce qui interroge, ce n'est pas tant l'existence de telles prérogatives que leur emploi. La contrainte a-t-elle toujours poursuivi les bonnes finalités, en l'espèce, la prévention du terrorisme ? A-t-elle donné les résultats attendus ? A-t-elle même été appliquée avec la cohérence souhaitable ?
La volonté de prendre un maximum de précaution se prolonge dans le droit commun. La loi 2017-1510 du 30 octobre 2017 renforçant à la sécurité intérieure confirme cette logique. Elle introduit, en effet, dans le droit commun des dispositions auparavant applicables en état d'urgence, en particulier les périmètres de protection (article L 226-1 CSI), les mesures individuelles de contrôle administratif et de surveillance (articles L 228-1 et s. CSI), et les visites et saisies (articles L 229-1 et s. CSI).
Le terrorisme[1] explique, encore, l'article L 225-1 CSI sur le contrôle administratif des retours sur le territoire qui se distingue difficilement de l'article 113-13 du Code pénal. L'exercice de la contrainte exige de la mesure, il impose aussi de se plonger dans les arcanes d'un droit dont la contrepartie attendue est l'efficacité, et le risque redouté l'atteinte aux libertés.

Au-delà de la lutte contre le terrorisme, l'exercice d'une contrainte préventive paraît devenir une forme de réponse politique à une exigence sociale de sécurité que le droit vient organiser.

---

[1] J. ALIX, « La lutte contre le terrorisme entre prévention pénale et prévention administrative » in *Le code de la sécurité intérieure, artisan d'un nouvel ordre ou semeur de désordre ?* (dir. M. TOUILLIER), Dalloz, 2017, p. 147.

Plutôt que de devoir rétablir l'ordre autour ou dans les stades[1], la contrainte descend d'un cran pour privilégier les interdictions avec obligation de pointage. De la sorte, elle privilégie aussi un traitement individualisé. Une logique comparable a guidé le législateur lors du vote de la loi « anticasseurs ». La contrepartie de cette approche revient à renvoyer une forme de sanction dans le champ du droit administratif qui devient répressif. Sur ce terrain également, la différence entre les deux formes de police[2] s'opacifie.

Les forces de sécurité savent bien que leurs actions sont scrutées. En application du principe de légalité, l'acte de force implique parfois de devoir rendre des comptes conformément à l'article 15 de la Déclaration des droits de l'homme. Les interrogations relatives au contrôle juridictionnel prennent, dans ce contexte, un relief particulier.

2. Les interrogations relatives au contrôle juridictionnel de la contrainte

L'intervention du juge présente un intérêt majeur. Elle contribue à rendre la contrainte acceptable. Le juge en garantit la légalité, ce qui rassure les sujets de l'ordre. Par effet miroir, le juge participe à la légitimation de l'action des forces de sécurité. Les contrôles exercés tempèrent les relations entre les uns et les autres.

En France, les évolutions relatives à l'exercice de la contrainte s'apprécient au regard du dualisme juridictionnel d'une part (2.1) et, d'autre part, de l'influence de la Cour européenne des droits de l'homme (2.2).

---

[1] F. NICOUD, « La sécurité au mépris des libertés : l'encadrement de l'action des supporters », *Le droit de la sécurité et de la défense en 2013* (dir. X. LATOUR, C. VALLAR), PUAM, 2014, p. 273.

[2] R. PARIZOT, « La distinction entre police administrative et police judiciaire est-elle dépassée ? » in *Le code de la sécurité intérieure, artisan d'un nouvel ordre ou semeur de désordre,* op. cit., p. 133.

2.1. La contrainte au regard du dualisme juridictionnel

L'exercice de la contrainte indissociable de l'opacification de la frontière entre la police judiciaire et la police administrative complique, par voie de conséquence, l'identification du juge compétent.

La question dépasse de loin une approche organique. Elle renvoie à une philosophie[1], à une idée de droit. C'est toute une construction juridictionnelle qui est discutée pour déterminer comment protéger efficacement les libertés individuelles dont le contour même fluctue.
Il suffit pour s'en convaincre de se référer à la jurisprudence du Conseil constitutionnel d'abord enclin à les apprécier extensivement, avant de faire une lecture restrictive de l'article 66 de la Constitution.
Or, cela a facilité l'intervention du juge administratif dans le contrôle de la contrainte. S'il est bien un juge, c'est aussi un juge contesté dans sa façon d'agir (contrôle *a posteriori*), autant que dans son principe même. Ne serait-il pas trop sensible aux arguments du pouvoir ? Les droits de la défense ne sont-ils pas empêchés[2] ?

Le législateur semble comprendre la difficulté de bousculer des équilibres sensibles.
Par exemple, il opte pour une solution novatrice en se tournant vers le juge des libertés et de la détention pour contrôler certaines mesures de police administrative. La loi 2017-1510 du 30 octobre 2017 renforçant la lutte contre le terrorisme place les visites (anciennes perquisitions administratives) dans le champ de compétences d'un juge qui ne semble pas naturel, en dépit des ressemblances entre la perquisition judiciaire et la visite[3]. Alors que la tendance serait à une « administrativisation » de la police

[1] M. DELMAS-MARTY, « Face au terrorisme global, la distinction entre guerre et paix a-t-elle encore un sens ? » *Constitutions* 2018, p. 353.
[2] E. DAOUD, A. JACQUIN, « La loi renforçant la sécurité intérieure ou la pérennisation de la défense empêchée ? » *AJP* 2017, p. 482.
[3] O. LE BOT, « État d'urgence et compétences juridictionnelles », *RFDA* 2016, p. 436.

judiciaire faut-il déceler une « judiciarisation » de la police administrative ?
Dans un même esprit, la loi « anticasseurs » entendait, d'abord, conférer à l'autorité administrative, sous le contrôle du juge administratif, l'organisation de périmètre de protection, puis elle a préféré renforcer les prérogatives du procureur de la République (article 78-2-5 du code de procédure pénale).

Les juges français n'agissent pas isolément. La Cour européenne des droits de l'homme inspire leurs décisions et, à travers elles, les capacités d'agir des forces de l'ordre.

2.2. La contrainte au regard de la Cour européenne des droits de l'homme

La Cour a façonné une jurisprudence applicable à la contrainte sur le fondement de différents articles de la Convention.
Elle rappelle aux États l'interdiction de porter atteinte au droit à la vie, ou d'infliger des traitements inhumains ou dégradants.
Elle accompagne aussi les mutations de la contrainte. Les juges de Strasbourg doivent porter un nouveau regard en conciliant la garantie des droits fondamentaux avec la marge d'appréciation accordée aux États en matière de sécurité publique. Les enjeux ne varient guère, seuls les objets du contrôle changent.
L'étude de la jurisprudence européenne n'éclaire pas seulement les solutions des juges français. Elle contribue à comprendre combien les mutations de la contrainte dépassent le cadre national. Le recours aux technologies ou la prévention rapprochent les législations.

Alors que la France opte pour une obligation de pointage (interdiction de stade par exemple), ailleurs la contrainte prend la forme d'une rétention préventive validée par la Cour[1]. L'atteinte au principe de sûreté garanti par l'article 5§1 de la Convention passe donc bien par des voies non judiciaires. Les juges admettent le principe d'une détention sans jugement dans un cadre clairement exposé par la loi et soumis à un contrôle *a posteriori.*

---

[1] CEDH 22 octobre 2018, SV et A. c/ Danemark.

La comparaison apprend aussi beaucoup en matière de gestion des manifestations. Durant les débats relatifs à la loi « anti-casseurs », la thématique de l'isolement de manifestants violents a été peu abordée. Pourtant, le Défenseur des droits avait remarqué que la pratique de l'encerclement, « l'encagement » de personnes, pendant une durée plus ou moins longue, n'entrait, en France, dans aucun cadre légal ou réglementaire[1]. Si la CEDH[2] admet, à titre exceptionnel, qu'un État laisse ses forces de sécurité recourir à cette technique, cela ne suffit pas à la garantir en droit au regard des atteintes portées à des libertés fondamentales (liberté d'aller et de venir, liberté d'expression).
Ainsi, la Cour semble faire preuve d'une relative souplesse à l'égard des nouvelles formes de contrainte, y compris lorsqu'elles touchent à l'intimité corporelle[3].

Du côté des formes dématérialisées de la contrainte, la Cour paraît tout aussi encline à comprendre les impératifs sécuritaires des États.
Dans un passé pas si lointain, elle avait contraint la puissance publique à encadrer des ingérences caractérisées qui prenaient alors la forme des interceptions de communication ou de correspondance. La surveillance n'est pas incompatible avec une société démocratique, à condition d'y mettre les formes, de la justifier, et de la tempérer.
À l'époque, les moyens à la disposition des forces de sécurité étaient dérisoires eu égard à ceux dont ils disposent dorénavant. Ces derniers autorisent des collectes massives de données et leur échange entre les États. Les uns dénoncent une surveillance de masse liberticide ; les autres en font une nécessité vitale pour la protection des démocraties contre leurs ennemis. La Cour fait-elle preuve de frilosité ou de pragmatisme en ne s'élevant pas, par principe, contre ces dispositifs, mais en exigeant des États des garanties de leur mise en œuvre[4] ?

---

[1] Rapport sur *Le maintien de l'ordre au regard des règles déontologiques*, décembre 2017, p. 39.
[2] CEDH 15 mars 2012, Austin c/ Royaume-Uni.
[3] CEDH 15 mai 2012, Colon c/ Pays-Bas.
[4] CEDH 19 juin 2018, Centrüm för rättvisa et 13 septembre 2018 Big brother watch ; J.-F. RENNUCI, « Surveillance de masse et CEDH », *D.* 2019, p. 151.

Les mutations de la contrainte représentent un défi pour les forces de l'ordre. Tentées d'en exploiter toutes les potentialités, elles sont tenues de le faire dans le strict respect des impératifs opérationnels et des limites imparties par le droit. Ce dernier n'est ni une entrave ni un permis de tout faire, seulement le reflet de choix opérés dans une société démocratique.

II. Formation et déontologie Mécanismes psychologiques sous-jacents à la décision de recourir à la contrainte

Sébastien Cojean
Gendarme-doctorant en psychologie à l'Université de Tours

1. Formation initiale à l'emploi de la contrainte

1.1 Formation légale et technique

La formation initiale à l'emploi de la contrainte représente environ un quart du programme en ESOG et à l'EOGN. Elle représente plus de 250 heures de formation pour les élèves gendarmes sur neuf mois en école et près de 400 heures de formation pour les élèves officiers sur leurs deux ans à l'école des officiers de la gendarmerie nationale de Melun.

Les formations sur la contrainte se répartissent à travers les divers enseignements sur le sujet. Les lois régissant l'emploi et l'organisation de la gendarmerie nationale sont étudiées ainsi que le cadre légal dans lequel s'inscrit son action. On y retrouve ainsi les articles, communs à toute la population, qui régissent l'emploi ou l'usage de la force ou de moyens de défense sous quelque forme que ce soit, y compris les armes. Il s'agit de :

- l'ordre de la loi et le commandement de l'autorité légitime, article 122-4 du Code pénal,
- la légitime défense des personnes et des biens, article 122-5 du Code pénal,
- l'état de nécessité, article 122-7 du Code pénal.

Des textes réservés aux forces de sécurité intérieures dans l'exercice de leur fonction régalienne s'ajoutent à ces derniers pour compléter le dispositif législatif encadrant l'emploi de la coercition ou permettant d'adapter le cadre légal aux spécificités de l'exercice de la mission de police et de défense des intérêts de l'État.

On pense ici :

- aux cas prévus par l'article L 435-1 du Code de la sécurité intérieure,
- à la protection des zones de défense hautement sensibles, article L 4123-12 du Code de la défense.

Cette formation légale s'accompagne ainsi nécessairement de la formation à des moyens techniques coercitifs devant permettre l'exécution des lois. Ce pendant technique est ainsi enseigné à travers différents modules. Pris ensemble, ceux-ci doivent permettre la réalisation des actes de contrainte absolument nécessaires, sans risque pour la population cible ou l'environnement, qu'il soit lointain ou proche.Il s'agit ainsi principalement de :

- la maîtrise sans arme de l'adversaire, dit "MSAA",
- la maîtrise avec arme de l'adversaire, dit "MAAA",

auxquels, on peut joindre à loisir les principes généraux de l'intervention professionnelle, des techniques d'intervention et la notion d'intervention graduée.

1.2. Apports de l'éthique

Néanmoins, le quotidien du gendarme implique souvent de mettre en œuvre des mesures coercitives. Or pour ce faire, il doit maîtriser non seulement la technicité inhérente à l'usage de la force et le cadre légal dans lequel son action s'inscrit, mais également faire preuve de l'éthique indissociable à l'exercice de la mission de police. L'action de la gendarmerie étant partie intégrante de l'exercice de la police en France, elle implique souvent de trouver des solutions adaptées à des problèmes non triviaux et dans une temporalité limitée. Il appartiendra au gendarme de trouver une solution opérante et qui satisfasse non seulement les intérêts de l'État et ceux des concitoyens demandeurs, mais ménageant aussi les libertés publiques. En effet, il survient régulièrement des événements pour lesquels aucune réelle action de contrainte n'est légalement admise alors qu'elle sera nécessaire à la satisfaction d'objectifs divergents (Bittner, 1970).

L'éthique intervient alors comme modérateur des solutions extrêmes et pour favoriser la conciliation d'objectifs antagonistes. Comme cela peut être mis en avant dans les discours de Kant, l'éthique a pour objectif de faire au mieux. Ou du moins à tendre vers ce qui serait le mieux.
Cette impulsion peut se trouver dans des enseignements plus transverses. Le façonnement d'une identité professionnelle est indispensable à l'action du gendarme parce qu'en projetant ce que la société attend de lui, le gendarme sera plus à même de répondre à ces attentes. De manière assez similaire, l'application des enseignements à travers des simulations, et la prise en compte des retours d'expériences sont indissociables à la progression et à la montée en compétence : de la technicité jusqu'à l'expertise en passant par la maîtrise.
La prise en compte d'éléments internes tels que la maîtrise de soi et la gestion du stress est également partie intégrante d'un processus de formation qui doit permettre d'apprendre à mieux se connaître afin de mieux agir.

2. Le processus décisionnel

2.1. Les courants de la prise de décision

La prise de décision est devenue un sujet d'étude notamment grâce à René Descartes. Si dans un premier temps, c'est la philosophie qui s'intéresse à celle-ci, l'émergence de la psychologie, à la fin du XIXe siècle et dans les traces de Freud, lui a donné une attention toute particulière.

Pour Descartes (1693), la décision ne peut être que rationnelle : il considère la décision comme le produit fini d'une réflexion rigoureuse prenant en compte l'intégralité des tenants et aboutissants y touchant. Sa vision est ainsi celle d'une rationalité absolue.
Si Hume et Locke remettent immédiatement en cause cette vision absolue de la rationalité cartésienne, ce n'est qu'au siècle dernier que des courants psychologiques de la prise de décision émergent et viennent démontrer les erreurs commises (Damasio, 1994) par Descartes lorsqu'il décrit ce processus.

En 1955, puis en 1992, Simon présente des travaux mettant en avant l'impossibilité matérielle existante de prendre une décision idéalement rationnelle. Il est en effet utopique de croire que l'être humain puisse à tout moment maîtriser l'intégralité des éléments pouvant l'influencer dans sa prise de décision (Simon, 1955 ; Simon, 1992). Ne serait-ce que parce que la plupart de nos décisions ont une incidence future dépendante d'une forme quelconque de hasard, mais aussi parce qu'une grande part des informations utilisées pour décider dépendent de la perception que nous en avons. Or, la perception n'est souvent qu'illusion (Dror, 2007), Berthoz en tire toutes les conséquences lorsqu'il affirme que « percevoir, c'est décider » (Berthoz, 2003). Simon plébiscite donc le recours à un processus décisionnel rationnel à défaut d'une rationalité absolue de la décision. Il défend donc l'idée de réfléchir rationnellement, par étape ou avec des stratégies optimisées.

Pour Klein (1993) en revanche, la décision est un processus naturel. Il défend l'idée que la majorité des décisions que nous prenons n'atteint même pas le stade de la réflexion. Il considère, en effet, que nous décidons naturellement sur la base de la reconnaissance d'une situation passée pour laquelle une décision a déjà été prise. Le choix est alors fait par le souvenir positif ou négatif laissé par la situation déjà vécue, reconnue et assimilée à la situation actuelle nécessitant la décision à prendre. C'est ce qu'il nommera le modèle de décision sur reconnaissance préalable – recognition-primed decision (Klein, 1993).

D'autres auteurs se joignent également aux courants de pensée sur la prise de décision. Ces derniers témoignent ainsi de l'existence de deux systèmes de processus décisionnel ou de deux types de décisions. Le système 1 permet des décisions rapides, ne fait appel qu'à peu de ressources cognitives et est principalement fondé sur des intuitions et des heuristiques – ces derniers étant des raccourcis neurocognitifs permettant la prise en compte rapide d'informations ou de stimuli par le recours à des marqueurs mnésiques ou somatiques. Le système 2 est analytique et fait appel à une réflexion systématique, le procédé est long et nécessite une importante charge cognitive (Allen, 2011 ; Evans,

2010). Ces modèles ne prennent toutefois pas en compte l'immense étendue sur laquelle une décision peut se placer. De la décision futile à celle changeant le destin d'une vie, il est aisé d'imaginer des décisions intermédiaires, sur un continuum allant effectivement de la décision heuristique exclusivement intuitive, voire réflexe, à la décision impliquant la plus grande des réflexions. Les courants actuels de la décision envisagent ainsi cette dernière comme unifiée sur un continuum et non exclusivement binaire.

2.2 Traitement neurocognitif

Dans le cadre de la décision de recourir à la contrainte, nous considérerons qu'elle est le plus souvent prise dans un environnement dégradé et fait l'objet d'un nombre important de stimulations exogènes dont résultent des informations hétérogènes et à caractère contradictoire.

Habituellement, les informations perçues de l'extérieur sont prises en compte par le cortex cérébral à la suite d'une transmission du thalamus. Le cortex cérébral les traite et propose au système nerveux somatique une réponse si nécessaire, réponse mise en œuvre par les muscles et tendons actionnant les membres. Le choix est alors conscient et contrôlé.

Néanmoins, lorsque le temps nécessité par la gestion d'un stimulus extérieur ne permet pas l'action pleine et consciente du cortex cérébral puisqu'il mettrait potentiellement en péril la survie, le système nerveux sympathique, partie intégrante du système nerveux végétatif, prend les commandes sur la réaction. Au quotidien, il a la charge d'envoyer aux organes les ordres devant leur permettre de se préparer à évoluer dans une situation stressante ou dégradée. Dans ce cadre particulier, l'amygdale, partie intégrante du système nerveux sympathique, a la possibilité de court-circuiter le cortex cérébral pour déclencher une réponse immédiate en cas de besoin. C'est ce que les auteurs appellent les réactions de « fight or flight » (Berthoz, 2003 ; Evans, 2010). Il s'agit alors de mettre en œuvre une réponse réflexe immédiate devant assurer la survie.

Il est toutefois à noter que ce court-circuit est patent, c'est-à-dire que le cortex cérébral n'acquiert *in fine* la perception de l'action qu'à l'issue de la réalisation de la réaction. La décision de réagir n'est donc physiologiquement pas prise (Le Doux, 1996). Toutes les décisions de recourir à la contrainte ne font toutefois pas appel à ce processus réflexe. Certaines sont prises en toute conscience, parfois même après de longues minutes d'appréciation. Il peut même s'agir de l'aboutissement d'un échange comme une négociation où l'emploi de la force est le résultat du refus d'un suspect à accepter la réalisation d'un contrôle sur sa personne.

2.3 Biais cognitifs et émotionnels

De manière générale, les décisions souffrent également de nombreux biais qui interviennent pour nous influencer dans une direction ou une autre. Ces biais cognitifs et émotionnels sont communs à toutes les décisions que nous prenons au quotidien, et ils sont nombreux. Nous pouvons citer de façon non exhaustive : les émotions (Damasio, 1994 ; Lazarus, 1981 ; Zajonc, 1980), la perception (Dror, 2007 ; Berthoz, 2003 ; Slovic, 2000), la fatigue décisionnelle (Baumeister, Heatherton, & Tice, 1994 ; Danziger, Levav, & Avnaim-Pesso, 2011), les biais cognitifs (Beck, 1963 ; Beck, 1964 ; Tversky & Kahneman, 1974 ; Pennequin & Combalbert, 2017) comme les biais de présentation ou d'assimilation. Ces biais viennent, selon leur mode d'action, soit altérer les informations dont nous disposons pour prendre la décision, soit perturber la prise de décision elle-même en obstruant le processus devant aboutir à la sélection.
Ainsi, et dans l'étude proposée par Danziger, Levav et Avnaim-Pesso (2011), les décisions de mise en liberté conditionnelle par les tribunaux d'application des peines israéliens ont été observées. Les auteurs ont remarqué que près de 80% des décisions de remise en liberté étaient prises entre 08 heures et 10 heures et sur une courte période après les périodes de restauration et de pause des magistrats à l'œuvre, à savoir à 14 heures et à 16 heures. Les auteurs ont ainsi pu démontrer l'influence de la perte progressive, au cours de la journée, de la ressource cognitive permettant la prise de décision.

S'agissant du recours à la coercition, la décision ne devrait être influencée que par le comportement de la personne objet du contrôle effectué, mais ce n'est malheureusement pas toujours le cas. On sait notamment grâce à une littérature anglo-saxonne abondante que les biais ethniques et les préjugés (Payne, 2001) renforcent l'usage disproportionné de la contrainte contre les minorités ethniques, en particulier les populations noires s'agissant des États-Unis d'Amérique (Paoline III, Gau, & Terrill, 2018 ; James, 2012). Ce biais n'est toutefois pas le seul, on trouve des biais internes, c'est-à-dire propres aux personnes que sont le gendarme (pour la maîtrise de soi voir Staller et al., 2018 ; Staller et al., 2019) ou le suspect, et des biais externes, c'est-à-dire propres à l'environnement et le contexte dans lequel la décision de recourir à la contrainte est prise. De même, l'incertitude quasi constante (Van den Heuvel, Alison, & Crego, 2011) dans laquelle évoluent les gendarmes s'ajoute à des contraintes temporelles – le temps est alors tout à la fois une ressource et une contrainte (Kruglanski & Thompson, 1999). Le fait d'être redevable auprès de sa hiérarchie et de la population est également un phénomène exerçant une influence sur les décisions prises (Tetlock, 1998).

3. La contrainte

3.1 Définition et implication

La contrainte est, selon le dictionnaire Larousse, « l'action de forcer quelqu'un à agir contre sa volonté. » Si la définition ainsi proposée ne revêt certes pas l'ensemble des facettes que peut revêtir la contrainte, le gendarme n'exerce la contrainte que par le biais de la coercition physique.

Pour les forces de l'ordre, la coercition, l'agression ou la violence revêtent de distinctions sémantiques et désignent dans les faits le moyen de contraindre. Il convient donc de réunir ces notions pour les inscrire dans le modèle général de la violence dont la théorie de l'interaction sociale est partie intégrante. Ce modèle est plus connu en anglais sous le nom de General Aggression Model et est proposé par Allen, Anderson et Bushman (2018). La théorie de l'interaction sociale émane, elle, de Tedeschi et Felson (1994).

Elle expose, notamment, le fait que la remise en cause de l'identité individuelle de la personne contrainte, privée ponctuellement de sa liberté la plus absolue, celle d'agir selon son libre arbitre, conduit nécessairement à une réaction. Cette remise en cause est de nature à générer un comportement agressif réactif donc, *a fortiori*, à produire une réaction de défense dont l'expression est le plus souvent la résistance – passive ou active. Résistance qui, elle-même, va à l'encontre de la déférence à laquelle peut s'attendre le gendarme, dans notre cas, et conduit ainsi ce dernier à relever le niveau de contrainte exercée. Élévation conduisant, à son tour, le suspect à s'insurger contre la coercition dont il fait l'objet. Le cycle à l'œuvre conduit nécessairement à l'usage de la force par les gendarmes s'il n'est pas brisé. Le principal intérêt de cette théorie dans l'usage de la contrainte par les forces de l'ordre est donc d'attirer l'attention des professionnels sur le fait qu'il puisse être finalement bénéfique de chercher à avoir l'adhésion de la personne que l'on souhaite contrôler, en lui garantissant le bien-fondé de la démarche mise en œuvre, fut-elle coercitive.

3.2 Intervention graduée et dichotomie de la violence

Dès lors, c'est dans ce contexte que le concept de l'intervention graduée utilisée au sein de la Gendarmerie nationale prend tout son sens. Ce dernier nous rappelle que, pour chaque niveau de menace ou de danger, un niveau maximal de réponse existe. Ce dernier ne doit être mis en œuvre qu'en cas d'absolue nécessité et en guise de dernier recours, les niveaux moindres de contrainte pouvant toujours être utilisés et devant même être privilégiés. L'échelle insiste par ailleurs sur le fait que la gradation ne doit pas être considérée comme linéaire, s'il est certain qu'elle est incrémentale, il est tout à fait concevable de passer d'un niveau à un autre, sans respecter les marches présentées.

Si le General Aggression Model va plus loin que la seule dichotomie entre violence instrumentale et violence hostile (Berkowitz, 1993 ; Anderson & Bushman, 2002), il ne la remet pas en cause. Cette dichotomie permet d'ailleurs de mieux comprendre les causes générales de l'usage de la violence, que ce soit par les forces de l'ordre pour ce qui nous intéresse ou pour la population et l'Homme de manière plus générale.

La distinction réside ainsi dans la motivation sous-jacente à l'emploi de la force, à l'usage de l'agressivité. La violence instrumentale est employée dans un but précis, défini et connu de celui qui la met en œuvre. La violence instrumentale est donc proactive en opposition à un comportement réactif. L'agressivité qu'elle est ainsi susceptible de déployer ne l'est que pour la réalisation de ses desseins. Pour tout un chacun, il peut simplement s'agir de s'assurer de ne pas être oublié dans une file d'attente, ou bien de se défendre d'une agression injustifiée exercée contre soi. Dans le cas des forces de l'ordre, la violence instrumentale fait référence à leur objectif premier de maintenir l'ordre public et d'assurer le respect et l'exécution des lois.
L'agressivité ou la violence hostile est, elle, souvent le fruit d'une réaction à un comportement ou à l'assouvissement d'une pulsion, d'une colère (Berkowitz, 1993 ; Anderson & Bushman, 2002). La satisfaction de l'agression n'intervient pas lorsqu'un objectif est atteint, mais lorsque l'adversaire est hors d'état ou détruit.

Il est ainsi constant que les gendarmes ne puissent jamais être autorisés qu'à exercer une violence instrumentale, répondant aux prescriptions légales, dirigée dans un objectif de préservation de l'ordre public dont ils ont la garde. Recourir à la violence hostile reviendrait à succomber à ses émotions et serait nécessairement contraire à l'éthique professionnelle du gendarme.

3.3 L'éthique de la violence

D'un point de vue déontologique, le recours à la contrainte n'est pas indissociable d'un comportement éthique dès lors qu'il est nécessaire et dirigé vers le seul but de faire respecter les lois de la République. Dans le cas des forces de l'ordre en général, et de la gendarmerie en particulier, il s'agira le plus souvent de faire cesser une infraction à la loi pénale. Par conséquent, la violence utilisée sera toujours instrumentale (Berkowitz, 1993 ; Anderson & Bushman, 2002).

La violence hostile doit, en revanche, être bannie puisqu'elle est exercée dans le but de satisfaire les pulsions de l'être humain. Et le gendarme doit se prémunir de ces pulsions. Les marges d'appréciation laissées par le cadre normatif ne doivent ainsi jamais servir à accepter des comportements ne relevant pas de cet objectif unique.

De plus, les normes applicables en France prévoient toutes que le recours à la contrainte, et *a fortiori* à l'usage des armes, ne doit se faire qu'en cas d'absolue nécessité. Ce qui rejoint dans son essence à ne faire usage que d'une violence instrumentalisée. Toutefois, l'appréciation de l'absolue nécessité ne peut se faire qu'au regard des éléments portés à la connaissance du décideur. L'incertitude représente dès lors une menace à la qualité des décisions prises (Cohen, 2010). Il revient donc au décisionnaire de n'agir que selon des prescriptions relevant d'impératifs catégoriques tels qu'a pu les définir Kant, et d'autres avant lui.

Bibliographie

Allen, D. (2011). Information behavior and decision making in time-constrained practice : A dual-processing perspective. *Journal of the American Society for Information Science and Technology*, *62*, 2165-2181.

Allen, J. J., Anderson, C. A., & Bushman, B. J. (2018). The General Aggression Model, *Current Opinion in Psychology*, 19:75–80.

Anderson, C. A., & Bushman, B. J. (2002). Human aggression. *Annual Review of Psychology*, 53, 27–51.

Baumeister, R. E, Heatherton, T. E, & Tice, D. M. (1994). *Losing control : How and why people fail at self-regulation.* San Diego, CA: Academic Press.

Beck, A. T. (1963). Thinking and depression : I. Idiosyncratic content and cognitive distortions. *Archives of General Psychiatry*, 9 : 324-333.

Beck, A. T. (1964). Thinking and depression : II. theory and therapy. *Archives of General Psychiatry*, 10 : 561-571.

Berkowitz, L. (1993). Pain and aggression: some findings and implications. *Motivation and Emotion.* 17: 277–293.

Berthoz, A. (2003). *La décision*, Odile Jacob.

Bittner, E. (1970). *The functions of police in modern society*, Washington, National Institute of Mental Health.

Cohen, M. S. (2010). Knowns, known unknowns, and unknown unknowns. In: Mosier K, Fischer U (eds) *Informed by knowledge: expert performance in complex situations*. Oxford University Press, Oxford, pp 371–393.

Damasio, A. R. (1994). *L'erreur de Descartes : la raison des émotions*, Paris, Odile Jacob, 1994.
Danziger, S., Levav, J., & Avnaim-Pesso, L. (2011). Extraneous factors in judicial decisions. *Proceedings of the National Academy of Sciences*, 108 (17) 6889-6892.
Descartes, R. (1693). *Discours de la méthode.*
Dror, I. E. (2007). Perception of Risk and the Decision to Use Force. *Policing: A Journal of Policy and Practice*, Volume 1, Issue 3, 1 January 2007, 265–272.
Evans, J. St. B. T. (2010). Intuition and reasoning : a dual-process perspective, *Psychological Inquiry*, 21 : 313-326.
James, L. (2012). The influence of suspect race and ethnicity on decisions to shoot in a deadly force judgment and decision-making simulator. *Dissertation Abstracts International Section A: Humanities and Social Sciences*. ProQuest Information & Learning.
Klein, G. (1993). A recognition-primed decision (RPD) model of rapid decision making, *Decision Making in Action : Models and methods*, p. 138-147.
Kruglanski, A. W. & Thompson, E. P. (1999). The illusory second mode, or the Cue is the Message. Psychol Inq 10(2):182–193.
Lazarus, R. S. (1981). A Cognitivist's Reply to Zajonc on Emotion and Cognition, *American Psychologist*, 36, 222-223.
LeDoux, J. (1996). *The Emotional Brain: The Mysterious Underpinnings of Emotional Life,* New York, NY: Touch- stone.
Paoline III, E. A., Gau, J. M., & Terrill, W. (2018). Race and the Police Use of Force Encounter in the United States, *British Journal of Criminology*, Vol. 58, Issue 1, pp. 54-74
Payne, B. K. (2001). Prejudice and perception: The role of automatic and controlled processes in misperceiving a weapon. *Journal of Personality and Social Psychology, 81,* 181–192.
Pennequin, V et Combalbert, N. (2017). L'influence des biais cognitifs sur l'anxiété chez des adultes non cliniques. *Annales médico-psychologiques, revue psychiatrique*, 175 : 103-107.
Simon, H. A. (1955). A Behavioral Model of Rational Choice, *The Quarterly Journal of Economics*, Vol. 69, No. 1., pp. 99-118.
Simon, H. A. (1992). De la rationalité substantive à la rationalité procédurale, Revue *PISTES*, no 3.
Slovic P. (2000). *The perception of risk*, London, Earthscan.
Staller, M. S., Christiansen, P., Zaiser, B., Körner, S., & Cole, J. C. (2018). Do they aggress earlier? Investigating the effects of ego depletion on police officers' use of force behavior. *Journal of Police and Criminal Psychology*, 33(4), 332–344.
Staller, M. S., Müller, M., Christiansen, P., Zaiser, B., Körner, S., & Cole, J. C. (2019). Ego depletion and the use of force: Investigating the effects of ego depletion on police officers' intention to use force. *Aggressive Behavior*, 45(2), 161–168.
Tedeschi, J. T., & Felson, R. B. (1994). Violence, aggression, and coercive actions. Washington, DC: American Psychological Association.

Tetlock, P. E. (1998). Losing our religion : On the collapse of precise normative standards in complex accountability systems. In R. Kramer , & M. Neale (Eds.), *Influence processes in organizations : Emerging themes in theory and research* (pp. 121–144). Thousand Oaks: Sage.
Tversky, A. & Kahneman, D. (1974). Judgement under uncertainty : Heuristics and biases, *Science*, New Series, Vol. 185, n°4157, pp 1124-1131.
van den Heuvel, C., Alison, L. & Crego, J. (2011). How uncertainty and accountability can derail strategic 'save life' decisions in counter-terrorism simulations : a descriptive model of choice deferral and omission bias. *Journal of Behavioral Decision Making*, 25: 165–187.
Zajonc, R.B. (1980). Feeling and thinking, *American Psychologist*, Vol. 35, 2, 151-175.

III. La place de la légitime défense dans l'action de la gendarmerie

Yves Mayaud
Professeur émérite de l'Université Panthéon-Assas Paris II

Un gendarme peut-il être dans une situation de légitime défense ? La réponse est assurément positive. Naturellement la question n'a de l'intérêt que dans le cadre des missions exercées par les militaires de la gendarmerie nationale, lorsqu'ils sont en uniforme et revêtus des insignes permettant de les identifier en qualité d'agents de la force publique. Le gendarme bon père de famille, personnellement confronté à une agression en dehors de son service, ne nous intéresse pas. Seule la légitime défense en rapport avec ses fonctions soulève de réelles difficultés. Il est aisé de le comprendre : par la force qu'il exerce, mandaté en cela par le législateur lui-même, le gendarme est naturellement exposé à la violence de ceux dont il doit maîtriser les actions débordantes. A supposer que son intervention soit constitutive de blessures, voire de mort pour autrui, et donc d'infractions pénales apparentes, quelle est la place de la justification pour lui éviter les poursuites et une condamnation ? Quelle est la place de la légitime défense ? La dimension institutionnelle de ses interventions ne plaide-t-elle pas en faveur d'une irresponsabilité pénale elle-même institutionnelle, autrement dit objectivement acquise ? Ou, au contraire, le gendarme doit-il être soumis au droit commun de la théorie des faits justificatifs, avec ce que cette solution emporte nécessairement d'indifférence à son statut ?

Ces questions témoignent de la problématique propre au thème qui nous retient. Les réponses ont connu une évolution significative, significative de la volonté de ne pas faire du gendarme un… « agent d'exception ». En effet, d'abord marquée par une spécificité certaine (1), la légitime défense du gendarme a aujourd'hui pour supports le droit commun (2).

1. L'abandon des spécificités

La gendarmerie a connu deux textes dont l'objet était de légitimer ses actions violentes hors du droit commun, afin d'intégrer la particularité de ses missions. Il s'agit de l'ancien article 186 du Code pénal, relatif au motif légitime, et de l'ancien article 174 du décret du 20 mai 1903 : au premier correspond un délaissement légal (1.1), au second une neutralisation jurisprudentielle (1.2).

1.1 L'ancien article 186 du Code pénal

L'ancien article 186 du Code pénal était ainsi rédigé : « *Lorsqu'un fonctionnaire ou un officier public, un administrateur, un agent ou un préposé du Gouvernement ou de la police, un exécuteur des mandats de justice ou jugements, un commandant en chef ou en sous-ordre de la force publique, aura, sans motif légitime, usé ou fait user de violences envers les personnes, dans l'exercice ou à l'occasion de l'exercice de ses fonctions, il sera puni selon la nature ou la gravité de ces violences, et en élevant la peine suivant la règle posée par l'article 198 ci-après* ».

Sans être expressément visée, la gendarmerie était naturellement concernée par cette disposition. Ce texte était doublement intéressant, d'abord pour sanctionner plus sévèrement les violences en cause, ensuite pour ériger en fait justificatif spécial le « *motif légitime* » associé à l'exercice de telles violences. L'aggravation était la conséquence, comme elle l'est toujours aujourd'hui, de la qualité de dépositaire de l'autorité publique des responsables, et la justification était une concession à la dimension « institutionnelle » des violences concernées. Dès lors que ces violences s'inscrivaient à l'occasion ou dans l'exercice de la mission publique de leurs auteurs, leur justification ne pouvait qu'emprunter à la légitimé de cette mission, pour relever d'une donnée socialement supérieure, notamment en lien avec les besoins d'ordre et de sécurité, ou encore de respect des décisions de justice. Là où ces besoins méritaient d'être couverts jusqu'à la contrainte physique, le droit pénal en acceptait le principe, par référence à une justification ciblée.

Une justification que la Cour de cassation a parfaitement identifiée, et on ne peut mieux faire que de reproduire ici un attendu des plus explicites, aux vertus pédagogiques remarquables : « En matière d'homicide, coups et blessures, il faut distinguer, avec la loi, s'ils ont lieu d'individus à individus non revêtus de fonctions publiques ou s'ils ont été commis par des agents du gouvernement, dans l'exercice ou à l'occasion de l'exercice de leurs fonctions ; au premier cas, il est nécessaire, d'après l'article 328 du Code pénal, pour que l'homicide, les coups et blessures ne constituent ni crime ni délit, qu'ils aient été commandés par la nécessité actuelle de la légitime défense ; au second cas, d'après l'article 186 dudit code, les violences exercées ne sont punissables qu'autant qu'elles ont été commises sans motif légitime »[1].

Autrement dit, les violences en lien avec la force publique échappaient au droit commun, afin de mieux couvrir leur nature « institutionnelle », avec un régime de proportionnalité fonction, moins d'une agression personnelle, que des impératifs inhérents à l'ordre public et au respect des lois. Bien sûr, tout n'était pas permis pour autant, et les juridictions veillaient, sous le contrôle de la Cour de cassation[2], à ce que la violence soit utilisée avec modération, sans excès et dans la seule mesure où elle se révélait indispensable[3]. Mais elle esquivait la justification générale, au nom de la spécificité de l'action policière.

Le « motif légitime » n'a pas été reconduit dans le Code pénal réformé, entré en vigueur le 1er mars 1994. Une explication technique a été donnée[4], mais la vraie raison est politique. Un regard différent est aujourd'hui porté sur les violences policières, fait

---

[1] Crim. 9 juillet 1825, S. 1825. 1. 151. - Voir encore : Crim. 11 mars 1942, *Bull. crim.* n° 19 ; 23 octobre 1946, *Bull. crim.* n° 188.

[2] Crim. 6 août 1932, *Bull. crim.* n° 203 ; *Gaz. Pal.* 1932. 2. 765 ; S. 1934. 1. 158.

[3] CA Paris, 31 octobre 1955 ; *Gaz. Pal.* 1955. 2. 409 ; *JCP* 1956. II. 9092. - TGI Lyon. 20 novembre 1961 ; *JCP* 1962. II. 12560, note VEDEL ; *D.* 1962. 215 ; *Gaz. Pal.* 1962. 1. 71.

[4] Tirée de son inutilité en rapport avec une circonstance aggravante : G. ROUJOU DE BOUBÉE, B. BOULOC, , J. FRANCILLON et Y. MAYAUD, *Code pénal commenté*, Dalloz, 1996, p. 188, par J. FRANCILLON.

d'exigences plus fortes pesant sur la police nationale et la gendarmerie nationale. Ce que confirme la neutralisation jurisprudentielle de l'article 174 du décret du 20 mai 1903.

1.2 L'ancien article 174 du décret du 20 mai 1903

Le décret du 20 mai 1903 portait règlement sur l'organisation et le service de la gendarmerie[1]. Il était donc spécifique à la gendarmerie, contrairement à l'ancien article 186 du Code pénal, qui concernait également la police nationale. L'article 174 du décret, devenu par la suite l'article L. 2338-3 du code de la défense[2], était relatif au déploiement de la force armée par les officiers, gradés et gendarmes en l'absence de l'autorité judiciaire ou administrative, autrement dit de leur propre initiative, ce que le texte réservait à des hypothèses précises, notamment : lorsque des violences ou voies de fait étaient exercées contre eux ; lorsqu'ils étaient menacés par des individus armés ; lorsqu'ils ne pouvaient défendre autrement le terrain qu'ils occupaient, les postes ou les personnes qui leur étaient confiés, ou si la résistance était telle qu'elle ne pouvait être vaincue autrement que par la force des armes ; enfin, lorsqu'ils ne pouvaient immobiliser autrement les véhicules, embarcations ou autres moyens de transport dont les conducteurs n'obtempéraient pas à un ordre d'arrêt. Toutes ces figures rejoignaient manifestement la légitime défense, pour en faire un descriptif adapté à la mission des gendarmes, et à ce qu'elle peut nécessiter d'usage de la force en fonction des circonstances.

Deux conceptions se sont opposées quant à l'étendue de cette autorisation. Une première, très avantageuse pour les gendarmes, selon laquelle ils n'étaient pas autrement soumis à conditions que celles contenues dans le texte lui-même, de sorte que le constat

---

[1] Le décret a été abrogé par la loi n° 2009-971 du 3 août 2009 relative à la gendarmerie nationale (*JO* 6 août, p. 13112).

[2] Le transfert a été réalisé par l'ordonnance de codification n° 2004-1374 du 20 décembre 2004 relative à la partie législative du code de la défense (*JO* 21 déc, p. 21675), elle-même ratifiée par la loi n° 2005-1550 du 12 décembre 2005 modifiant diverses dispositions relatives à la défense (*JO* 13 déc. 2005, p. 19160, art. 1er).

des circonstances leur correspondant devait suffire à leur irresponsabilité pénale. Une autre, plus nuancée, qui renvoyait seulement à une présomption relative d'irresponsabilité, en ce sens que le contexte objectif servant de préalable à l'action militaire ne dispensait pas d'une appréciation de proportionnalité, afin de se convaincre de la juste adéquation du recours à la force et de son absolue nécessité appliquée à l'espèce. Après avoir retenu la première version[1], la Cour de cassation a finalement opté pour la seconde[2].

L'existence d'un texte particulier à la gendarmerie ne revenait donc pas à doter cette dernière d'un statut dérogatoire. A l'instar de toutes les violences soumises à la théorie des faits justificatifs, celles commises par les gendarmes relevaient d'un contrôle, pour être l'objet d'une évaluation de légitimité, qui tenait, non seulement au contexte objectif de leur exercice, mais encore à leur degré d'utilité *in situ*. Les articles 174 du décret du 20 mai 1903 et L. 2338-3 du code de la défense perdaient ainsi de leur intérêt pratique, n'incarnant plus une dérogation statutairement justifiée, mais revêtant seulement une valeur de symbole[3]. La gendarmerie était ainsi rapprochée de la police nationale, faute pour cette dernière de bénéficier de dispositions équivalentes quant à l'usage de leurs armes[4]. Un rapprochement qui a finalement reçu une

---

[1]Crim. 5 janvier 2000, n° 98-85.700, *Bull. crim.* n° 3 ; *D.* 2000. 780, note B. DE LAMY; *RSC* 2000 p. 606, obs. Y. MAYAUD, et p. 817, obs. B. BOULOC.

[2]Crim. 18 février 2003, n° 02-80.095, *Bull. crim.* n° 41 ; *D.* 2003 1317, note F. DEFFERRARD et V. DURTETTE ; *Dr. pénal* 2003 comm. 57, obs. M. VERON ; *Gaz. Pal.* 2003 1 1062, note Y. MONNET ; *RSC* 2003, p. 387, obs. J. BUISSON, p. 559, obs. Y. MAYAUD, et p. 565, obs. P. DELMAS SAINT-HILAIRE.

– *Adde* : F. DEBOVE, « Carton jaune pour les bleus ! », *Dr. pénal* 2003, chron. 22.

[3] Il n'a pas été jugé opportun, lors du rattachement de la gendarmerie nationale au ministre de l'Intérieur, opéré par la loi précitée n° 2009-971 du 3 août 2009, de remettre en cause l'article L. 2338-3 du code de la défense, ce qui a été justifié par « les circonstances opérationnelles spécifiques de la gendarmerie » (J. FAURE, *Sénat*, 2008-2009, rapport n° 66).

[4] A ce titre, n'est pas relatif aux armes l'article L. 214-2 du code de la sécurité intérieure, qui autorise les personnels de la police nationale revêtus de leurs uniformes ou des insignes extérieurs et apparents de leur qualité à faire usage

consécration dans la loi n° 2017-258 du 28 février 2017 relative à la sécurité publique[1], à laquelle nous devons l'article L. 435-1 du code de la sécurité intérieure, qui couvre aujourd'hui l'usage des armes, tant par la police nationale que par les militaires de la gendarmerie nationale.

C'est là aborder les supports du droit commun.

2. Les supports du droit commun

Nous venons de le dire, le droit commun a toujours exercé une forte attraction, malgré les textes particuliers visant la gendarmerie, ou plus largement les forces de police. Un droit commun doublement représenté : d'abord par l'article 122-5 du Code pénal, relatif à la légitime défense dans sa version de droit pénal général (2.1), ensuite, et depuis peu, par l'article L. 435-1 du code de la sécurité intérieure, qui est désormais la référence en matière d'usage des armes (2.2). Cette dualité laisse d'ailleurs perplexe, faute de relever d'une hiérarchie ou d'une conjugaison bien compréhensible.

2.1 L'article 122-5 du Code pénal

Il résulte de l'article 122-5 du Code pénal que n'est pas pénalement responsable la personne qui, devant une atteinte injustifiée envers elle-même ou autrui, ou pour interrompre l'exécution d'un crime ou d'un délit contre un bien, accomplit, « *dans le même temps, un acte commandé par la nécessité de la légitime défense* […] » (al. 1er) ou « *un acte de défense* […] *strictement nécessaire* » (al. 2). Ce texte a une portée générale, visant toute personne, quelle que soit sa qualité, ou quel que soit son statut. Il est donc théoriquement applicable aux gendarmes, lorsqu'ils sont confrontés aux circonstances relevant des conditions qui y sont formulées, y compris dans le cadre des missions contraignantes qui leur sont confiées.

---

de "matériels appropriés pour immobiliser les moyens de transport", notamment lorsque le conducteur ne s'arrête pas à leurs sommations.

[1] *JO* 1er mars.

Mais alors se pose une question qui engage le droit lui-même. A partir du moment où les forces de gendarmerie disposent de textes particuliers, les partageraient-ils avec la police nationale, quelle place consentir à ce texte plus général ? En principe les textes spéciaux dérogent aux textes généraux - *specialia generalibus derogant* -, et l'article 122-5 du Code pénal - héritier de l'ancien article 328 - est sans conteste un texte à vocation ouverte, donc général, par rapport à ceux que la gendarmerie a connus dans le passé et connaît encore aujourd'hui, du moins en référence à l'article L. 435-1 du code de la sécurité intérieure. Comment expliquer que la justification ait été, et continue à être fondée sur le code pénal, ce qui revient à faire l'impasse sur des lois présumées mieux adaptées à la situation de la gendarmerie ?

L'explication est dans la logique de l'abandon des spécificités propres à notre matière. Parce que cet abandon a été animé par une nette préférence pour le droit commun, la défense des gendarmes s'est libérée des clivages de la loi, optant spontanément pour le texte objet des préférences judiciaires. De là, le recours au Code pénal, à son article 122-5 depuis l'entrée en vigueur de la réforme le 1er mars 1994. Et c'est ainsi que nombre de décisions n'ont pas pour fondement les textes spéciaux de la gendarmerie, mais les causes justificatives tirées du droit pénal général.

Nous disons bien : « les causes justificatives », au pluriel. La légitime défense, en effet, n'est pas la seule concernée. Le mélange des genres affecte également l'ordre de la loi au sens de l'article 122-4 du Code pénal : « *N'est pas pénalement responsable la personne qui accomplit un acte prescrit ou autorisé par des dispositions législatives ou réglementaires* » (al. 1er). Très tôt, l'article 174 du décret du 20 mai 1903, puis l'article L. 2338-3 du code de la défense ont été considérés comme de simples illustrations de l'article 122-4 du Code pénal, lui-même héritier de l'ancien article 327. Autrement dit, loin de ménager la spécificité des textes propres à la gendarmerie, la jurisprudence a volontiers vu en eux une simple réplique du droit commun relatif à l'ordre de la loi[1], avec pour conséquence de faire de la légitime défense un fait justificatif apparenté à ce que le législateur autorise, dans les conditions qu'il détermine. C'est dire combien la confusion règne entre tous ces supports ! Mais une confusion délibérément entretenue, toujours aux mêmes fins, à savoir ne pas isoler la gendarmerie nationale dans un statut trop protecteur, qui pourrait donner le sentiment qu'elle est au-dessus des principes directeurs du droit pénal, et que, par les textes spéciaux qui lui sont destinés, elle échappe aux élémentaires conditions de nécessité et de proportionnalité attendues de toute justification.

Cela est tellement vrai que la Chambre criminelle n'a pas renvoyé une QPC au Conseil constitutionnel, qui dénonçait le fait que les dispositions de l'article L. 2338-3 du code de la défense n'étaient accompagnées d'aucune réserve législative particulière propre à en réduire la rigueur et le caractère létal, et qu'elles étaient de ce fait incompatibles avec l'article 9 de la Déclaration des droits de l'homme et du citoyen. Observant, au contraire, que le droit pour les gendarmes de faire usage de leur arme, notamment quand ils ne peuvent immobiliser autrement les véhicules dont les conducteurs n'obtempèrent pas à l'ordre d'arrêt, n'est reconnu par le juge judiciaire que lorsque les circonstances de l'espèce rendent cet usage absolument nécessaire, la haute instance a jugé le renvoi inopportun[2]. Même à constater qu'une disposition applicable à la gendarmerie ne contiendrait pas les réserves inhérentes à toute justification, elle n'est pas pour autant critiquable, ni dépourvue de constitutionnalité, en raison des interprétations qui en sont faites, dictées, moins par sa spécificité, que par le droit commun…

On ne peut qu'en convenir : la pression du droit commun reste très forte sur la gendarmerie ! Et l'article L. 435-1 du code de la sécurité intérieure le confirme.

---

[1] Crim. 5 janvier 2000, n° 98-85.700, préc. - Crim. 12 mars 2013, n° 12-82.683, *Bull. crim.* n° 63 ; *Dalloz Actualité* 2013, obs. M. BOMBLED ; *D.* 2013 770 ; *Gaz. Pal.* 2013. 1. 1724, obs. E. DREYER; *Dr. pénal* 2013, comm. 88, obs. M. VERON.

[2] Crim. 1er avril 2014, n° 13-85.519 QPC, *D.* 2015. 113, obs. G. GUEHO; *Dr. pénal* 2014, *comm.* 146, obs. M. VERON.

2.2 L'article L 435-1 du Code de la sécurité intérieure

Les gendarmes sont aujourd'hui intégrés dans un dispositif qu'ils partagent avec les autres forces de l'ordre. Créé par la loi n° 2017-2258 du 28 février 2017, l'article L. 435-1 du code de la sécurité intérieure traite de l'usage des armes, non seulement par les militaires de la gendarmerie nationale, mais aussi par les agents de la police nationale, dès lors qu'ils sont dans l'exercice de leurs fonctions, et qu'ils sont revêtus de leur uniforme ou des insignes extérieurs et apparents de leur qualité. Pour certaines reconduites de l'article 174 du décret du 20 mai 1903, puis de l'article L. 2338-3 du code de la défense[1], ses prévisions recoupent tous les cas de figure auxquels la gendarmerie nationale et la police nationale peuvent être confrontées : légitime défense de soi-même ou d'autrui (1°, 3° et 4°), défense des lieux et des personnes entrant dans leur mission (2°), prévention d'une réitération probable (5°).

Apparemment, il s'agit d'un fait justificatif spécial, relevant d'hypothèses strictement entendues. Le texte serait donc d'exception, du moins affecté d'une spécialité marquée, qui ne pourrait que l'éloigner du droit commun. Mais, là encore les apparences sont trompeuses. L'article L. 435-1 du code de la sécurité intérieure n'est pas une résurgence du motif légitime, ni de l'article 174 du décret du 20 mai 1903 : il n'est qu'un descriptif, une illustration de la justification dans ses deux versions les plus classiques, que sont l'ordre de la loi et la légitime défense. En témoignent les références désormais explicites à l'« absolue nécessité » et à la « manière strictement proportionnée » de l'usage pouvant être fait des armes pour couvrir les hypothèses en cause. En témoignent encore les retombées non qualifiées de la justification, qui ne vise aucune infraction précise, même si le contexte armé ne peut que renvoyer à des atteintes aux personnes et aux biens, qu'elles soient intentionnelles ou non[2]. En témoigne enfin le caractère pilote de l'article L.

---

[1] Dont l'alinéa 1er renvoie désormais aux conditions prévues à l'article L. 435-1 CSI.

[2] La justification ne semble pas réservée à ce qui s'inscrit dans une démarche intentionnelle, et toute manifestation de culpabilité, volontaire ou involontaire, paraît compatible avec l'impunité qui en résulte. On rejoint ainsi la différence

435-1, qui sert en effet de texte fédérateur, de dénominateur commun à toutes les forces autorisées à faire usage de leurs armes : non seulement les agents de la police nationale et les militaires de la gendarmerie nationale, mais encore les agents des douanes (c. douanes, art. 56), les militaires déployés sur le territoire national (c. défense, art. L. 2338-3), le personnel pénitentiaire (loi n° 2009-1436 du 24 nov. 2009, art. 12), et la police municipale (CSI, art. L. 511-5-1). Toutes ces données convergent vers une seule et même réalité : une justification certes ciblée, parce que ne concernant que les agents de la force publique, mais une justification non inventive, faute de se démarquer du droit commun, à base de nécessité et de proportionnalité. Le constat est si fort que certains de nos élus s'en émeuvent, qui proposent « qu'une présomption de légitime défense soit établie à chaque fois qu'un membre des forces de l'ordre fait usage de son arme dans l'exercice de ses fonctions »[1] : une proposition qui a le mérite de concilier, et la dimension institutionnelle de l'action de la gendarmerie, et la nécessité d'en contrôler les manifestations, voire de sanctionner ce qui s'éloignerait d'une juste nécessité ou proportionnalité de défense réactive.

La gendarmerie a connu une sérieuse évolution depuis le décret du 20 mai 1903. Une évolution qui trouve aujourd'hui son aboutissement dans un dispositif, certes, séparé du droit commun représenté par le Code pénal, mais qui, en réalité, ne fait qu'en reproduire les traits, tel un décalque fidèle pour ne rien trahir de son modèle.

---

faite en jurisprudence entre l'ordre de la loi, qui est ouvert aux délits non intentionnels (Crim. 5 janvier 2000, n° 98-85.700, préc. - Crim. 18 février 2003, n° 02-80.095, préc. - Crim. 23 mars 2004, n° 03-82.852, *Bull. crim.* n° 77 ; *D.* 2004. 2755, obs. B. DE LAMY - Crim. 21 octobre 2014, n° 13-85.519, *D.* 2015. 113, obs. G. GUEHO; *Dr. pénal* 2014, comm. 146, obs. M. VERON), et la légitime défense, quant à elle réservée aux seuls délits intentionnels (Crim. 16 février 1967, n° 66-92.071, *Bull. crim.* n° 70 ; *JCP* 1967. II. 15034, note J.-C. COMBALDIEU ; *RSC* 1967. 659, obs. L. LEVENEUR, et 854, obs. P. LEGAL - Crim. 9 juillet 1984, *D.* 1986. IR. 106, obs. G. ROUJOU DE BOUBEE ; *Gaz. Pal.* 1984 2 751, note J.-P. DOUCET. - Crim. 28 novembre 1991, **n°** 90-87.572, *Bull. crim.* n° 446 ; *D.* 1993. Somm. 18, obs. G. AZIBERT; *RSC* 1992 751, obs. L. LEVENEUR, et 1993 90, obs. B. BOULOC).

[1] Proposition de loi n° 491, Sénat, 10 mai 2019, présentée par M. Stéphane Ravier.

IV. L'usage de la force

Aurélie Cappello
Maître de Conférences à l'Université de Bourgogne

« L'usage de la force par les gendarmes » est une expression qui appelle immédiatement la méfiance. Dans un Etat de droit, dans un Etat qui se veut respectueux et protecteur des libertés individuelles, l'usage de la force par la puissance étatique fait nécessairement peur. Si l'usage de cette force est indispensable dans certaines circonstances, notamment en procédure pénale, face à la commission d'une infraction par exemple, il doit être limité et justifié.

La difficulté tient ici à la définition du sujet, et plus précisément à la définition de la notion de force. Il n'existe pas de définition juridique de cette notion et les textes qui s'y réfèrent n'évoquent que des notions voisines : tantôt les « armes », c'est le cas des articles L435-1 et L211-9 du Code de la sécurité intérieure qui autorisent l'usage des armes dans certaines circonstances, tantôt la « force publique », c'est le cas dans plusieurs articles du code de procédure pénale par exemple. Il y a semble-t-il une distinction à faire au sein de la force. D'une part, la « force armée », celle à laquelle on songe immédiatement et qui sera au cœur de cette présentation : les gendarmes peuvent-ils utiliser leurs armes ? D'autre part, une force moins visible, moins évidente, que l'on peut appeler la « force physique », qui ressemble davantage à de la contrainte et qui est, sans aucun doute, tout aussi redoutable.

Au sujet de la « force physique », il n'est pas nécessaire d'insister longuement car elle est finalement partout dans le Code de procédure pénale. Elle renvoie aux hypothèses dans lesquelles les forces de l'ordre sont autorisées à obliger, à forcer, quelqu'un à faire ou à ne pas faire quelque chose (à rester, par exemple, avec la garde à vue, les vérifications d'identité, ou à venir, avec les mandats par exemple). Une illustration en particulier se révèle pertinente et montre que cette « force physique » a, elle aussi, connu des évolutions récentes. Elle concerne la comparution sous contrainte. L'article 78 du Code de procédure pénale, relatif à l'enquête préliminaire, impose aux personnes, soupçonnées ou non, de répondre aux convocations des officiers de police judiciaire et permet à ces derniers, avec l'autorisation du procureur de la République, de contraindre ces personnes à comparaître lorsqu'elles ne satisfont pas à leur obligation. Les OPJ sont alors autorisés à aller chercher de force ces personnes. Traditionnellement et assez logiquement, la jurisprudence considérait que les OPJ pouvaient aller chercher les personnes en question à leur domicile, l'endroit où ils avaient le plus de chance de les trouver, à condition qu'ils ne fouillent pas ce domicile, sinon il fallait recourir aux perquisitions, et au besoin en utilisant la force, par exemple en défonçant la porte. Or, dans deux arrêts remarqués du 22 février 2017[1] et du 18 septembre 2019[2], la chambre criminelle de la Cour de cassation a affirmé que l'article 78 du Code de procédure pénale ne permet pas à l'OPJ « de pénétrer de force dans un domicile, une telle atteinte à la vie privée ne pouvant résulter que de dispositions légales spécifiques confiant à un juge le soin d'en apprécier préalablement la nécessité ». Les OPJ ne peuvent donc désormais aller chercher la personne que dans un lieu ouvert au public. Dans le cas contraire, il faudra recourir aux mandats (de recherche, par exemple) ou aux perquisitions. L'usage de la force physique est bien maintenu, mais il est limité pour éviter une atteinte disproportionnée à la vie privée.

Pour autant, l'usage de la force, c'est d'abord, l'usage de la « force armée », celle à laquelle on songe en priorité, celle qui soulève le plus de difficultés, celle qui est au cœur de l'actualité.

---

[1] Crim. 22 février 2017, n° 16-82412 ; M. MURBACH-VIBERT, « La Chambre criminelle sonne-t-elle le glas de l'article 78 du Code de procédure pénale ? », *AJP* 2017 5 227 ; A.-S. CHAVENT-LECLERE, « L'article 78 du Code de procédure pénale ne permet plus à l'OPJ de pénétrer dans le domicile », *Procédures*, 2017 5 44 ; P. COLLET, « Refus d'autoriser un OPJ à pénétrer de force dans un domicile sur le fondement de l'article 78 CPP », *JCP G* 2017 11 484.

[2] Crim. 18 septembre 2019, n° 18-84885 ; F. CHARLENT, « Convocation à comparaître et usage de la force publique », *Dalloz Actualité* Octobre 2019 n° 8.

La question est donc simple : dans quelles circonstances les gendarmes sont-ils autorisés à utiliser leurs armes ?

Pour l'essentiel, deux dispositions générales réglementent la question.

D'abord, l'article L2338-3 du Code de la défense. Il s'agit d'une disposition propre aux militaires de la gendarmerie nationale. Avant 2017, cet article énumérait les cas dans lesquels les gendarmes étaient autorisés à faire usage de leurs armes ; désormais, il renvoie à l'article L435-1 du Code de la sécurité intérieure.

Ensuite, et assez logiquement, l'article L435-1 du Code de la sécurité intérieure. Cette disposition est issue de la loi du 28 février 2017 relative à la sécurité publique[1] qui a posé un régime commun aux agents de la police nationale et aux militaires de la gendarmerie nationale[2]. Cet article énonce les circonstances dans lesquels ces forces de l'ordre sont autorisées à faire usage de leurs armes. Il reprend notamment les anciens cas de l'article L2338-3 du Code de la défense.

De cette disposition il résulte que les gendarmes sont autorisés à utiliser leurs armes dans certains cas énumérés (1) et sous certaines conditions requises (2).

1. Les cas énumérés

Il est nécessaire de rappeler les différents cas dans lesquels les gendarmes sont autorisés à recourir à la force armée (1.1), mais

---

[1] Loi n° 2016-731 du 28 février 2017 relative à la sécurité publique.

[2] D. CRANSAC, « De l'usage des armes par les forces de la sécurité intérieure », *Revue de la recherche juridique*. Droit prospectif, 2017 4 1591 ; F. FOURMENT, « La loi n° 2017-258 du 28 février 2017 relative à la sécurité publique dans ses aspects de droit pénal », *Droit Pénal* 2017 5 10 ; M. DAURY-FAUVEAU, « Les nouvelles modifications apportées par la loi sur la sécurité publique au droit pénal », *JCP G* 2017 11 470 ; *Le Code de la sécurité intérieure, artisan d'un nouvel ordre ou semeur de désordre ?*, Colloque organisé par le CDPC de l'Université Paris Nanterre et l'INHESJ, sous la dir. de M. TOUILLIER, Dalloz, Les sens du droit, 2017.

il est bien plus pertinent encore d'en faire une appréciation juridique (1.2).

1.1 Description des différents cas

Cinq cas sont visés à l'article L435-1 du Code de la sécurité intérieure ; quatre anciens, qui figuraient déjà à l'article L2338-3 du Code de la défense dans des termes similaires, et un qui a été créé récemment, par une loi du 3 juin 2016[1]. Parmi ces cas, certains supposent des sommations avant l'usage des armes, mais pas tous.

L'article L435-1 du Code de la sécurité intérieure prévoit d'abord trois cas dans lesquels l'usage de la force armée par les membres de la gendarmerie et de la police est possible mais après deux sommations ou ordres d'arrêt : lorsqu'ils « *ne peuvent défendre autrement les lieux qu'ils occupent ou les personnes qui leur sont confiées* » (2°), lorsqu'ils « *ne peuvent contraindre à s'arrêter, autrement que par l'usage des armes, des personnes qui cherchent à échapper à leur garde ou à leurs investigations et qui sont susceptibles de perpétrer, dans leur fuite, des atteintes à leur vie ou à leur intégrité physique ou à celles d'autrui* » (3°) et lorsqu'ils « *ne peuvent immobiliser autrement que, par l'usage de leurs armes, des véhicules, embarcations ou autres moyens de transport, dont les conducteurs n'obtempèrent pas à l'ordre d'arrêt et dont les occupants sont susceptibles de perpétrer, dans leur fuite, des atteintes à leur vie ou à l'intégrité physique ou à celles d'autrui* » (4°).

L'article L435-1 du Code de la sécurité intérieure prévoit encore deux autres cas qui ne nécessitent pas de sommations préalables : « *lorsque des atteintes à la vie ou à l'intégrité physique sont portées contre eux ou contre autrui ou lorsque des personnes armées menacent leur vie ou leur intégrité physique ou celles d'autrui* » (1°) et « *dans le but exclusif d'empêcher la réitération, dans un*

---

[1] Loi n° 2016-731 du 3 juin 2016 renforçant la lutte contre le crime organisé, le terrorisme et leur financement, et améliorant l'efficacité et les garanties de la procédure pénale.

temps rapproché, d'un ou de plusieurs meurtres ou tentatives de meurtre venant d'être commis, lorsqu'ils ont des raisons réelles et objectives d'estimer que cette réitération est probable au regard des informations dont ils disposent au moment où ils font usage de leurs armes » (5°).

1.2 Appréciation juridique des différents cas

L'article L 435-1 s'analyse, en droit pénal, en une autorisation de la loi, c'est à dire en un fait justificatif ou, autrement dit, en une cause objective d'irresponsabilité pénale. L'article 122-4, alinéa 1, du Code pénal prévoit que : « *N'est pas pénalement responsable la personne qui accomplit un acte prescrit ou autorisé par des dispositions législatives ou réglementaires* ». Or, cette disposition législative autorise l'usage de la force armée. Dès lors, le gendarme qui fait usage de son arme et commet une infraction, des violences ou un homicide par exemple, ne sera pas pénalement responsable puisqu'il a été autorisé par l'article L435-1 du Code de la sécurité intérieure. Comme cela a été évoqué précédemment, il n'existe donc aucune technique juridique spéciale, aucun concept juridique propre aux gendarmes. Il est ici recouru à un fait justificatif de droit commun, l'autorisation de la loi, et à une autorisation qui, quant à elle, est propre aux gendarmes et, plus généralement, aux représentants des forces de l'ordre.

Comment expliquer ces autorisations de la loi ? Elles ont toutes pour objet la défense des forces de l'ordre ou de la société. Eviter que l'ordre public ne soit troublé, éviter que n'aient lieu des atteintes à la vie ou à l'intégrité physique des personnes ou des gendarmes eux-mêmes, arrêter des personnes dangereuses, se défendre et défendre la population… L'existence de sommations préalables est fonction de l'urgence. Soit il n'y a pas urgence et l'usage de la force ne sera autorisé et donc légitime que si l'agent est prévenu. Soit il y a urgence et il faut intervenir même sans sommation. D'une manière générale, c'est cet objectif de protection et de défense qui légitime le recours à la force armée.

Le dernier cas, toutefois, est un peu délicat[1]. Il est issu de la loi du 3 juin 2016 renforçant notamment la lutte contre le terrorisme. Ce cas figurait à l'origine à l'article 122-4-1 du Code pénal et a été déplacé à l'article L435-1 du Code de la sécurité intérieure, toujours dans cette perspective d'unification du régime de la force armée. Il s'agit clairement d'une disposition de circonstances, qui répond aux terribles attentats qu'a connu la France en janvier et novembre 2015. On a parfois nommé ce cas le « permis de tuer ». Il s'agit d'autoriser l'usage de la force armée pour « mettre fin à une cavale meurtrière »[2]. Les gendarmes et policiers sont autorisés à tirer, et donc à blesser ou tuer une personne, pour éviter qu'elle ne commette des meurtres ou tentatives de meurtres, alors qu'elle en a commis dans un temps rapproché, lorsqu'ils ont des raisons réelles et objectives d'estimer que le renouvellement des meurtres est probable. Il s'agit donc de neutraliser une personne non pas pour ce qu'elle est en train de faire, ni pour ce qu'elle a fait, mais pour ce qu'elle est susceptible de faire. C'est donc un pouvoir à la fois extraordinaire et dangereux qui est placé entre les mains des gendarmes et qui rompt avec les principes les plus fondamentaux du droit pénal, en tête la présomption d'innocence. Ceci est d'autant plus vrai que, dans ce cas, et contrairement aux autres cas envisagés à l'article L435-1, il n'y a pas de menace ou de danger immédiat.

Pour autant, ce dernier cas de recours à la force armée, comme tous les autres, est encadré par le respect de conditions. Il ne suffit pas que la force armée soit utilisée dans une de ces situations, il faut encore que certaines conditions soient remplies. Or, on constate que l'absence de technique juridique propre aux gendarmes s'accompagne d'une appréciation stricte de ces conditions, au moins par la Cour européenne des droits de l'homme.

---

[1] O. DECIMA, « Légitime réforme ? », *D.* 2016 43 2527.

[2] J. MILLET, « Le droit d'usage des armes des forces concourant à la sécurité intérieure », *JCP A* 2016 40 2257.

2. Les conditions requises

Plusieurs conditions doivent être remplies pour que le recours à la force armée dans ces différentes situations soit considéré comme justifié. Une première condition de nécessité et de proportion, d'une part (1.1), et une seconde condition d'enquête effective, d'autre part (1.2).

2.1 La nécessité et la proportion

Tout d'abord, l'usage de la force armée ne sera justifié que s'il est nécessaire et proportionné. C'est ce qui est indiqué à l'article L435-1 du Code la sécurité intérieure : dans les différents cas mentionnés, les agents de la police nationale et les militaires de la gendarmerie nationale peuvent « *faire usage de leurs armes en cas d'absolue nécessité et de manière strictement proportionnée* ». On retrouvait également cette condition à l'article L 2338-3 du Code de la défense qui ne la prévoyait pas expressément mais qui avait été interprété comme tel par la Cour de cassation[1]. On retrouve encore cette condition dans la jurisprudence de la Cour européenne des droits de l'homme. Son appréciation ne se fait pas au regard des dispositions légales françaises évidemment, mais au regard de l'article 2 de la Convention européenne de sauvegarde des droits de l'homme et des libertés fondamentales qui consacre le droit à la vie. Elle considère que cet article est applicable lorsqu'un gendarme ou un policier a fait usage de son arme et a tué une personne ou l'a « seulement » blessée et affirme que le recours à la force armée n'est justifié que s'il résulte « *d'une absolue nécessité* » et s'il présente « *un caractère strictement proportionné* ». Que signifient ces deux conditions ?
Le recours à la force armée est absolument nécessaire lorsqu'il est l'unique moyen de parvenir au but, l'arrestation des personnes ou des véhicules. Le recours à la force armée est strictement proportionné lorsqu'il y a un rapport d'équilibre entre les moyens employés et l'objectif recherché. On se demandera, par exemple, s'il n'y a pas une disproportion dans le fait d'utiliser son arme et de tuer une personne pour l'arrêter alors qu'elle a commis un

[1] Crim. 18 février 2003, n° 02-80095.

« simple » vol. La proportion s'apprécie donc en fonction de l'infraction qui a été commise ou du danger que représente la personne qui subit la force armée. Dans les deux cas, nécessité et proportion relèvent d'une appréciation subjective : il s'agit de se demander si, compte tenu des circonstances de l'espèce, le gendarme a pu légitimement croire en la nécessité et en la proportion du recours à la force armée. La Cour européenne affirme régulièrement qu'il ne faut pas être trop rigide, même si elle l'est parfois : il faut tenir compte de « *la difficulté de la mission des forces de l'ordre dans les sociétés contemporaines* », de « *l'imprévisibilité des comportements humains* » et de « *l'obligation de faire des choix opérationnels en termes de priorités et de ressources* »[1].

Le problème tient au fait que cette appréciation, *a priori* identique sur le papier, conduit parfois à des solutions contradictoires de la Cour européenne et des juridictions françaises, notamment la Cour de cassation. Ce fut le cas dans l'affaire Toubache s'agissant d'un gendarme qui avait tiré des coups de feu sur une voiture en fuite, tuant son passager arrière, après une longue poursuite et après avoir évité de se faire renverser ; les fuyards étaient soupçonnés d'avoir commis un cambriolage et étaient déjà loin lorsque le gendarme a tiré. La Cour de cassation a conclu à la nécessité d'utiliser la force armée et donc à l'irresponsabilité du gendarme[2]. Mais ce n'est pas le cas de la Cour européenne des droits de l'homme dans un arrêt du 7 juin 2018. Elle a notamment pris en compte le fait que les fugitifs n'avaient pas commis d'infractions à caractère violent, n'étaient pas armés et n'étaient pas soupçonnés de terrorisme. Le niveau de menace n'exigeait dont

---

[1] CEDH 7 juin 2018, Toubache contre France, n° 19510/15 ; S. LAVRIC, « Condamnation de la France pour les tirs mortels d'un gendarme sur un véhicule en fuite », *AJP* 2018 10 468 ; J. ANDRIANTSIMBAZOVINA, « L'usage par les forces de l'ordre d'une arme à feu contre un véhicule en fuite n'est pas absolument nécessaire pour procéder à une arrestation régulière », *Gaz. Pal.* 2018 n° 25 p. 28 ; F. SUDRE, « Usage disproportionné d'une arme à feu par un gendarme », *JCP G* 2018 26 1265.

[2] Crim. 21 octobre 2014, n° 13-85519 ; J. MILLET, « L'usage des armes par les militaires de la gendarmerie nationale, hors dispersion d'attroupement », JCP A. 2015. 13. 40 ; M. VERON, « L'usage de son arme par un gendarme », *Droit pénal* 2014 12 25.

pas que le véhicule soit immédiatement arrêté par des coups de feu potentiellement mortels. Ce fut encore le cas dans l'affaire Guerdner[1]. Il s'agissait d'un gendarme qui avait tué avec son arme une personne qui était placée en garde à vue pour vol à main armée en bande organisée et enlèvement/séquestration et qui avait profité d'une pause cigarette pour s'enfuir par la fenêtre. Ici, la Cour européenne relève que l'individu n'était pas armé et était entravé de menottes, si bien qu'il ne représentait pas une menace immédiate pour la vie ou l'intégrité physique. Il faut préciser, toutefois, que la Cour européenne ne se prononce pas sur la responsabilité pénale du gendarme qui relève uniquement de la compétence française, mais simplement sur la violation, par la France, de l'article 2 de la Convention.

Parfois, néanmoins, la solution retenue par la Cour européenne et par les juridictions françaises est la même. L'affaire Chebab en est un exemple[2]. C'est un policier qui était en cause, mais il aurait pu s'agir d'un gendarme, cela n'aurait rien changé quant à l'appréciation de la nécessité et de la proportion. Un policier avait tiré et blessé une personne soupçonnée d'avoir cambriolé des appartements, juste après les faits, pendant son interpellation. La Cour de cassation, le 26 juin 2012[3], comme la Cour européenne le 23 mai 2019, concluent ici à l'existence d'un tir nécessaire et proportionné. Elles relèvent, en particulier, le fait que les circonstances se sont déroulées de nuit, que le délinquant avait consommé de l'alcool et des stupéfiants et qu'il menaçait le policier d'un couteau ce que l'enquête française avait permis d'accréditer. Le policier a donc pu légitimement croire en la nécessité de se défendre par l'usage de son arme. Les deux juridictions s'accordent donc sur la condition d'absolue nécessité

[1] CEDH 17 avril 2014, Guerdner et autres contre France, n° 68780/10 ; G. ROUSSEL, « Il y a force meurtrière excessive dans le fait pour un gendarme de tirer sur un fuyard ne présentant aucune menace pour autrui », *AJP* 2014 7 359 ; B. PASTRE-BELDA, « Absence de nécessité absolue de recourir à la force meurtrière », *JCP G* 2014 19 956.
[2] CEDH 23 mai 2019, Chebab contre France, n° 542/13 ; A.-B. CLAIRE, « Faiblesses d'une enquête consécutive à l'usage par un policier d'une force potentiellement meurtrière », *D.* 2019 27 1523.
[3] Crim. 26 juin 2012, n° 11-87806.

et de stricte proportion dans cette affaire. Mais la Cour européenne a pourtant condamné la France parce que l'autre condition n'était pas respectée à ses yeux.

2.2 L'enquête effective

Pour la Cour européenne, l'appréciation du recours à la force armée comprend certes un volet matériel, c'est la condition de nécessité et de proportion, mais aussi un volet procédural : l'article 2 de la Convention impose une enquête officielle effective quand le recours à la force armée a entraîné la mort d'une personne ou a seulement mis en danger sa vie. Le terme « effective » implique plusieurs exigences qui n'étaient pas remplies dans l'affaire Chebab.

D'abord, des investigations approfondies, sérieuses, attentives. Ici, la Cour relève, par exemple, qu'il n'y a eu aucune expertise médicale du délinquant victime, aucune expertise balistique et que certains éléments de preuve ont été perdus.

Ensuite, l'indépendance entre les personnes mises en cause et les personnes chargées des investigations et, par conséquent, l'impartialité de ces dernières. Ici, la Cour relève qu'au cours de l'enquête ouverte pour les cambriolages, des policiers arrivés sur place après l'incident ont été auditionnés par l'officier de police judiciaire de permanence du commissariat auquel était affecté le policier ayant tiré le coup de feu.

Enfin, la célérité, car, pour la Cour, « *une réponse rapide des autorités (...) peut généralement être considérée comme essentielle pour préserver la confiance du public* » et permet d'éviter « *toute apparence de complicité ou de tolérance relativement à des actes illégaux* ». Ici, immédiatement après les faits, une enquête contre le délinquant, victime du coup de feu, a été ouverte, mais pas contre le policier. C'est seulement deux ans après les faits qu'une instruction a été ouverte à son égard, d'ailleurs à l'initiative du délinquant victime et non du procureur de la République.

Les condamnations de la France pour non-respect du volet procédural sont rares, plus rares que les condamnations résultant du non-respect du volet matériel. Tout simplement, parce que, en pratique, la France met en œuvre une enquête interne après l'usage de la force armée par les gendarmes.

V. Le maintien de l'ordre, aspects légaux (loi anti-casseurs)

Marthe Bouchet
Maître de Conférences à l'Université Panthéon-Assas Paris II

« C'est le citoyen qu'on intimide, pas le délinquant. Ce texte n'a pas pour objet de mieux réprimer les auteurs d'actes violents après qu'ils les ont commis. Il établit en revanche un véritable contrôle administratif du droit de manifester. Si l'on est attaché aux libertés, on ne peut pas l'admettre »[1]. C'est par ces mots que François Sureau, avocat et écrivain souvent entendu par le Conseil constitutionnel, s'est exprimé dans une tribune publiée au Monde le 4 février 2019. Le ton est donné.

La loi du 10 avril 2019 visant à renforcer et garantir le maintien de l'ordre public lors des manifestations est d'ailleurs mieux connue sous le nom de loi « anti-casseurs » ou « anti-gilets jaunes », ce qui montre bien à quel point elle a cristallisé de tensions. Les termes « anti-casseurs » font surtout référence à un mauvais souvenir de notre législation : « la tristement célèbre loi du 8 juin 1970 »[2] qui visait, en cas de rassemblements de personnes occasionnant des dégradations ou destructions de biens, à instituer une responsabilité pénale collective[3]. Finalement abrogée en 1981 sans jamais avoir été appliquée, cette loi est restée comme une violation du principe de responsabilité du fait personnel. C'est à ce texte décrié que l'appellation « loi anti-casseurs » renvoie.

---

[1] Il poursuit ainsi : « cette loi de la peur, comme il y a eu une loi du "sacrilège" sous la Restauration, vise à prévenir en réalité le retour du sacrilège commis contre les institutions. Mais la démocratie ne tient pas à des objets matériels, une statue sous l'Arc de triomphe, une porte de ministère. Elle tient à des choses plus invisibles, et c'est à celles-là que le gouvernement s'attaque ». F. SUREAU, *Le Monde*, 4 févr. 2019,

[2] R. LETTERON, « Les débris de la loi anti-casseurs », *AJ Pénal*, 2019, p. 259.

[3] Loi n° 70-480 du 8 juin 1970 tendant à réprimer certaines formes nouvelles de délinquance, JO 9 juill. 1970 p. 5324.

Pourtant, les ressemblances entre les deux textes sont limitées. En effet, les moyens qu'ils emploient sont distincts : point de responsabilité collective en 2019, mais une mesure phare, l'interdiction administrative de manifester. En revanche, les textes partagent une volonté commune, celle de réprimer plus sévèrement les « débordements » commis dans le cadre de manifestations. Il faut dire que cette préoccupation, mieux répondre aux violences commises à l'occasion de rassemblements de personnes, transcende les époques[1].

Pour s'en tenir à la période la plus récente, la question est revenue avec l'évolution des conditions des manifestations. D'un côté, les manifestations sont de plus en plus spontanées, c'est dire que leur organisation en amont diminue, et que les services d'ordre des manifestants sont de moins en moins présents. De l'autre, les manifestations sont de plus en plus fréquentes, les lieux de la contestation sociale s'étendent (zones rurales et ZAD sont concernées), et des groupes violents, tels que les Black Blocs y participent[2].

Pour y remédier, dès 2015, un rapport de l'Assemblée nationale propose d'admettre des interdictions administratives de manifester[3]. Mais le rapport ne sera pas suivi d'effet.

Puis, à la suite des manifestations du 1er mai 2018, dont la violence a pris tout le monde de court, un sénateur, Monsieur Retailleau, dépose une proposition de loi. L'exposé des motifs de sa proposition est éloquent : il souhaite « graver dans le marbre de la loi la possibilité de mettre hors d'état de nuire les casseurs et les agresseurs des forces de l'ordre, ceux qui nuisent au droit de manifester paisiblement ». La proposition de loi, particulièrement répressive, n'était cependant pas destinée à être adoptée. D'autant que le Défenseur des droits avait rendu un avis plus que

---

[1] Sur ce point, v. les propos de O. Cahn, rapportés par A. COÏGNAC, « Droit de manifester : toujours une liberté ? », *D. actu*, 4 oct. 2019.

[2] Rapport n° 2794, enregistré à la présidence de l'Assemblée nationale le 21 mai 2015, fait au nom de la Commission d'enquête chargée d'établir un état des lieux et de faire des propositions en matière de missions et de modalités du maintien de l'ordre républicain, dans un contexte de respect des libertés publiques et du droit de manifestation ainsi que de protection des personnes et des biens, P. POPELIN et N. MAMÈRE, p. 61 et s.

[3] *Ibid*, p. 112 et s.

mitigé au Sénat. Il considère que la loi ménage la part belle à la répression, au détriment de la protection des libertés, principalement celle de manifester. Pour reprendre ses mots exacts : « ce texte s'éloigne de l'objectif de conciliation entre libertés et ordre public, dont résulte le cadre dans lequel doit s'exercer le maintien de l'ordre »[1]. Tout portait à croire que le texte resterait au stade de la simple proposition.

Mais les manifestations des gilets de jaune, organisées dès novembre 2018, ont changé la donne. Il fallait réagir rapidement aux destructions et aux violences commises à l'occasion de ces manifestations. Le 1er ministre choisit alors de s'exprimer sur le sujet dans le 20h de TF1. Selon lui, le législateur ne doit pas rester silencieux et il entend faire adopter une loi permettant de « durcir le maintien de l'ordre »[2]. La proposition de loi Retailleau revient alors sur le devant de la scène : voilà un texte assez récent susceptible de répondre aux préoccupations actuelles. Le côté trop répressif du texte gêne moins compte tenu des tensions agitant le pays. Le consensus règne désormais sur la nécessité d'adopter une telle loi.

Mais la volonté de répondre à l'opinion publique a poussé le législateur à agir vite. Trop vite peut-être ?
Il s'agit indéniablement, comme c'est trop fréquemment le cas en matière pénale, d'une loi adoptée à chaud, dans un contexte politique très particulier. La loi est « rédigée dans la précipitation »[3]. Bien plus que le fond des mesures, c'est l'effet d'annonce qui importe. La vertu symbolique, ou fonction déclarative[4], de la loi pénale est encore une fois à l'œuvre : on adopte une loi pour montrer que l'on agit. Si bien que le processus d'adoption du texte est symptomatique de cette précipitation ; il est émaillé

---

[1] Avis du défenseur des droits n° 19-02, du 18 janv. 2019.
[2] Interview télévisée du 7 janv. 2019, Journal de 20h, TF1.
[3] R. LETTERON, « Les débris de la loi anti-casseurs », *AJ Pénal*, 2019, p. 259. En ce sens également, v. « Questions à Christine Lazerges, à propos de la loi dite anti-casseurs », *Lexbase Pénal*, n° 17, 20 juin 2019.
[4] C. LAZERGES, « De la fonction déclarative de la loi pénale », *RSC*, 2004, p. 194.

d'anomalies qui montrent à quel point l'urgence l'a emporté sur l'orthodoxie juridique.

Première anomalie pour un texte de cette importance : le Conseil d'Etat n'a pas été saisi de la future loi. Ce n'était pas obligatoire car il ne s'agissait pas d'un projet de loi, provenant du Gouvernement, mais d'une proposition de loi, issue du Sénat. La saisine du Conseil d'Etat devenait donc facultative et, pour des raisons tenant au calendrier, elle a été éludée. Pourtant, la section consultative du Conseil d'Etat a l'importante mission de lever les obstacles juridiques auxquels le texte risque de se heurter. Et le risque n'était pas moindre ici : les libertés individuelles étaient en jeu. Lorsque l'on entend encadrer davantage les manifestations, on sait que la défense de l'ordre public d'un côté, et la protection de la liberté d'expression de l'autre, vont entrer en conflit. Un équilibre délicat doit être trouvé. Surtout lorsqu'une interdiction administrative de manifester est envisagée et que la voix du Défenseur des droits s'est élevée pour dénoncer les défaillances du texte[1]. Mais il fallait agir vite, et les parlementaires n'ont pas jugé utile de saisir le Conseil d'Etat. Pire encore, le Gouvernement n'a pas rendu public un avis qu'il avait demandé à la juridiction du Palais Royal sur un amendement déposé au texte, laissant la désagréable impression qu'il y avait des défauts à cacher…

Deuxième anomalie : aucune étude d'impact n'a été menée. Ce n'est donc pas le résultat dans le temps du texte qui importait, mais bien son effet immédiat.

Troisième anomalie : pour calmer les critiques, c'est le Président de la République lui-même qui a saisi le Conseil constitutionnel de l'examen de la loi. La procédure est rare, elle n'avait été mise en œuvre qu'une seule fois auparavant, par le Président Hollande,

[1] Il n'était pas le seul à se positionner ainsi : le Commissaire aux droits de l'Homme du Conseil de l'Europe, le haut-commissaire aux droits de l'homme de l'ONU se sont également prononcés en ce sens.

en 2015, avant l'adoption de la loi Renseignements[1]. La procédure est rare parce qu'elle résulte d'un paradoxe : le Conseil constitutionnel est d'ordinaire saisi par l'opposition, qui entend empêcher l'entrée en vigueur de la loi. A l'inverse, le Président, dont le parti est majoritaire au Parlement hors cohabitation, soutient en principe le texte. C'était d'ailleurs le cas ici. Mais c'est bien le Président Macron, et non l'opposition, qui a saisi le Conseil constitutionnel, comme s'il était conscient du risque de violation des droits constitutionnels que portait le texte. La saisine du Conseil par le Président montre le parcours chaotique qui a présidé à l'adoption de cette loi.

Enfin, quatrième anomalie, la plus importante sans doute : le Conseil constitutionnel, dans sa décision remarquée du 4 avril 2019, a censuré la disposition phare du texte, avant même qu'il n'entre en vigueur. Il a invalidé l'article 3 de la loi qui prévoyait l'interdiction administrative de manifester. La censure a fait grand bruit. Arrêtons-nous quelques instants pour mieux comprendre. Le législateur envisageait une interdiction de manifester calquée sur le modèle de l'interdiction de stade. Plus précisément, l'article L. 211-4-1 du code de la sécurité intérieure devait permettre à l'autorité administrative d'interdire à une personne de participer à une manifestation sur la voie publique, et ce sur l'ensemble du territoire national, pour une durée d'un mois. Le symbole était fort. La liberté de manifester était en cause ; plus exactement celle d'exprimer collectivement des idées, rattachée à la liberté d'expression qui est garantie par l'article 11 de la Déclaration des droits de l'homme et du citoyen[2]. Le Conseil constitutionnel a alors estimé que par cette interdiction administrative de manifester « le législateur a porté au droit d'expression collective des idées et des opinions une atteinte qui n'est pas adaptée, nécessaire et proportionnée »[3]. Il est cependant intéressant de noter que le principe même d'une interdiction préventive de manifester, prononcée par une autorité administrative, n'est

---

[1] V. sur ce point, O. LE BOT, « Loi anti-casseurs : censure des interdictions administratives de manifester », *Constitutions* 2019, p. 241.

[2] Pour la décision reconnaissant la valeur constitutionnelle de la liberté de manifester, v. Cons. const. 18 janv. 1995, n° 94-352 DC.

[3] Cons. const. 4 avril 2019, n° 2019-780 DC, *JO* du 11 avril 2019, texte n° 2.

pas censuré par le Conseil ; ce sont les modalités qui l'accompagnent – sa portée, les motifs susceptibles de la justifier, et les conditions de sa contestation – qui la rendent inconstitutionnelle. Le législateur pourrait donc fort bien envisager de réitérer la tentative, à condition de l'encadrer davantage[1]…
Quoi qu'il en soit, le Conseil constitutionnel a épargné les autres dispositions de la loi anti-casseurs, venues renforcer notre arsenal législatif relatif au maintien de l'ordre.

Alors que reste-t-il de ce texte si attendu ? Un équilibre a-t-il été trouvé entre une contrainte qui vise la protection de l'ordre public et le respect de la liberté d'expression ?
Il faut décortiquer la loi pour le savoir. La censure finale du Conseil constitutionnel révèle tout de même un enseignement qui s'impose d'emblée : le maintien de l'ordre a ici primé, au risque que les moyens mis en œuvre ne soient pas adaptés ; qu'il s'agisse d'ailleurs des mesures de police administrative, ou des dispositions pénales prévues par la loi. A l'image de l'interdiction de manifester, les mesures de police apparaissent démesurées, trop importantes, excessives. A l'inverse, les dispositions pénales sont circonscrites, et leur utilité ne saute pas aux yeux.
En d'autres termes, les mesures de police administrative paraissent excessives (1), alors que les mesures pénales semblent superflues (2).

1. Des mesures de police excessives

Le volet préventif de la loi peut sembler excessif en ce qu'il étend la possibilité de procéder à des fouilles et des visites (1.1), et aussi parce qu'il accroît encore le champ de fichiers de police (1.2).

---

[1] En ce sens, v. F. FOURMENT, « "Encore un moment, Monsieur le bourreau !" », *La Gazette du Palais*, 7 mai 2019, n° 17, p. 44. Le droit comparé plaide également en ce sens, puisque certaines législations étrangères connaissent de telles interdictions administratives de manifester, v. sur ce point le Rapport n° 2794 enregistré à la présidence de l'Assemblée nationale le 21 mai 2015, préc. p. 111 et s.

1.1. L'extension des fouilles et des visites

L'article 2 la loi insère dans le code de procédure pénale un article 78-2-5 qui autorise sur réquisition du procureur de la République à des officiers et, sous leur responsabilité, à des agents de police judiciaire, de procéder, sur les lieux d'une manifestation et à ses abords immédiats, à l'inspection visuelle et à la fouille de bagages ainsi qu'à la visite des véhicules circulant, arrêtés ou stationnant sur la voie publique ou dans des lieux accessibles au public. Il s'agit ici d'étendre la possibilité de procéder à des fouilles et des visites.
Pourtant, notre législation permet déjà des fouilles de bagages et des visites de véhicules. Sans entrer dans le détail, on peut schématiquement distinguer plusieurs hypothèses. Dans le cadre d'une enquête de flagrance, dès lors qu'il existe une ou plusieurs raisons plausibles de soupçonner qu'une personne a commis une infraction, les officiers de police judiciaire peuvent réaliser des fouilles et des visites sans autorisation de l'autorité judiciaire[1]. Dans le cadre d'une enquête préliminaire, l'officier de police judiciaire doit obtenir l'accord de la personne concernée, et à défaut, l'autorisation du procureur[2]. Enfin, lorsqu'une instruction est ouverte, une commission rogatoire du juge d'instruction est nécessaire.
La loi de 2019 vise à assouplir sensiblement ces conditions lorsqu'une manifestation est en cours. Il n'est plus nécessaire d'être dans le cas d'un flagrant délit, ni d'obtenir le consentement de la personne concernée, ni même une commission rogatoire ; la réquisition du procureur suffit. Nombre de verrous sautent et on retrouve ici une possibilité qui était réservée à la répression d'infractions particulièrement graves : actes de terrorisme, détentions d'armes, vol, recel, trafic de stupéfiants[3]. Les actes commis à l'occasion d'une manifestation présentent-ils ce même degré de gravité ?

---

[1] Art. 78-2-3 (pour les visites) et -4 (pour les fouilles) CPP.
[2] Art. 78-2-4 CPP.
[3] Art. 78-2-2 CPP.

Le risque est que les fouilles et les visites se multiplient, et constituent, à terme, un moyen de pression pour décourager les manifestants. Saisi de la disposition, le Conseil constitutionnel s'est néanmoins rassuré en précisant que le champ de l'autorisation est assez restreint : le lieu est circonscrit « aux abords d'une manifestation », l'objectif est limité à la recherche de « la présence d'une arme » et la durée l'est également au temps nécessaire pour procéder à la fouille. On peut toutefois être moins optimiste lorsque l'on note que la mesure a été immédiatement et largement utilisée. Dès le samedi suivant l'adoption de la loi, les forces de police reconnaissent avoir procédé à plus de 20000 contrôles en application du texte[1]. Autre signe de cet excès : le 13 août dernier, le TGI de Paris a annulé les réquisitions du procureur de Paris, qui avait autorisé ces contrôles préventifs[2]. Il note que l'autorisation donnée était insuffisamment motivée, et trop large, puisqu'elle concernait toute la capitale, y compris les zones non concernées par d'éventuels rassemblements.

L'extension des fouilles et des visites, prévue par la loi, peut sembler excessive. Il en va de même pour l'extension du fichage, également proposée par le texte.

1.2. L'extension du fichage

L'inscription au sein d'un fichier est considérée non pas comme une peine, mais comme une « mesure de police »[3]. Le fichage est en effet tourné vers le passé, pour garder une trace de ce qui a été

---

[1] R. LETTERON, « Les débris de la loi anti-casseurs », *AJ Pénal*, 2019, p. 259.

[2] A. COÏGNAC, « Droit de manifester : toujours une liberté ? », *D. actu*, 4 oct. 2019 : « le 13 août dernier, le TGI de Paris annulait les réquisitions du procureur de la République relatives aux contrôles d'identité préventifs le 25 mai, en prévision de l'acte 28 des gilets jaunes. « Réquisitions trop larges et pas suffisamment motivées », twittait Martin Méchin, l'un des avocats des manifestants interpellés ce jour-là. Les contrôles préventifs avaient en effet été autorisés dans toute la capitale, y compris dans les zones non concernées par d'éventuels rassemblements ».

[3] Sur cette question, v. S. Pellé, « Réflexions sur la nature et les fonctions du fichier en droit pénal », in *Le fichier* (dir. F. Eddazi et S. Mauclair), Actes du colloque des 26 et 27 novembre 2015 organisé par le Centre de recherche juridique Pothier de l'Université d'Orléans, LGDJ, 2017, p. 113.

commis, mais surtout vers l'avenir, pour prévenir la commission de nouvelles infractions[1]. Or, le fichage ne cesse de s'étendre. On peine aujourd'hui à déterminer le nombre de fichiers existants, mais un récent rapport parlementaire fait état de 106 fichiers mis à disposition des forces de police[2]. La loi du 10 avril 2019 s'inscrit pleinement dans ce mouvement d'expansion des fichiers en matière répressive.

Les sénateurs avaient en effet émis l'idée que les auteurs de violences ou de dégradations commis dans le cadre des manifestations soient inscrits dans un fichier spécial. Ils militaient pour la création d'un nouveau fichier dédié[3]. Mais pour éviter d'avoir à requérir l'avis de la CNIL, le parti a été pris de venir plutôt grossir le champ d'un fichier déjà existant[4] : le fichier des personnes recherchées. Le champ de ce fichier n'a cessé de s'étendre. Il comprend désormais les personnes faisant l'objet d'une mesure d'interdiction de conduire un véhicule, d'une interdiction du territoire français, de séjour, ou de détenir une arme ou encore une interdiction de stade. Le 18° et dernier alinéa de l'article 230-19 du code de procédure pénale ajoute qu'y seront aussi inscrites les

---

[1] Sur ce point, v. R. PARIZOT, « Surveiller et prévenir... à quel prix ? Loi n° 2015-912 du 24 juill. 2015 relative au renseignement », *JCP G*, 2015, 1077 et V. GAUTRON, « Une mémoire policière hypertrophiée : la fin du droit à l'oubli ? », in *La crise des institutions de l'oubli*, *Les cahiers de la justice*, Dalloz, 2016, p. 607.

[2] Rapport d'information n° 1335, 17 oct. 2018, déposé en conclusion d'une mission d'information sur les fichiers mis à la disposition des forces de sécurité, présenté par MM. les députés D. Paris et P. Morel-A-L'huissier.

[3] V. la proposition de loi initiale, visant à prévenir les violences lors des manifestations et à sanctionner leurs auteurs, n° 575, enregistrée à la Présidence du Sénat le 14 juin 2018.

[4] Rapport n° 1600 visant à prévenir les violences lors des manifestations et à sanctionner leurs auteurs, enregistré à la présidence de l'Assemblée nationale le 23 janv. 2019, par Mme A. THOUROT, n° 31 : La Commission « s'est inquiétée des conséquences du choix du Sénat de privilégier la création d'un nouveau fichier, supposant au demeurant un décret en Conseil d'État après avis public et motivé de la Commission nationale de l'informatique et des libertés. Sur proposition de la rapporteure, la Commission a privilégié une alternative plus rapide et plus efficace. Elle a préféré au nouveau fichier dédié une insertion dans un fichier existant et déjà opérationnel : le fichier des personnes recherchées ».

personnes faisant l'objet d'une interdiction de manifester, prononcée à titre de peine complémentaire.

Quelles sont les conséquences pour les personnes fichées ? Leurs nom, prénom, date et lieu de naissance, filiation, sexe, nationalité, leur description physique et leur photographie seront conservés au sein du fichier ; et ce jusqu'à la fin de l'interdiction de manifester, ou jusqu'à ce qu'elle soit levée. Or, les personnes concernées ne sont pas informées de leur référencement au sein du fichier et elles ne peuvent pas s'y opposer. Elles ne pourront donc pas non plus veiller à la correction des informations référencées, ni demander leur effacement. Mais surtout, le condamné à une telle peine figure déjà dans un autre fichier[1] : le Traitement des Antécédents judiciaires, largement accessible par les forces de police[2]. Une note du Procureur de la République de Paris incite même à y référencer toutes les personnes interpellées dans le cadre des manifestations, y compris en cas de classement sans suite[3]. Est-il donc nécessaire de prévoir l'inscription dans cet autre fichier ? N'est-ce pas excessif ?

Mais encore faut-il, condition du fichage, qu'une mesure d'interdiction de manifester ait été prononcée ; ce qui est loin d'être évident. Nous basculons alors vers l'étude des mesures pénales prévues par la loi du 10 avril dernier, qui se révèlent, à bien des égards, superflues.

2. Des mesures pénales superflues

Le volet répressif du texte paraît bien maigre, parfois confus, et ne répondant à aucun besoin indiscutable. Il en va ainsi de l'infraction de dissimulation du visage (2.1), et de la peine complémentaire d'interdiction de manifester (2.2).

---

[1] Sa condamnation sera par ailleurs mentionnée, sauf exception, dans le bulletin n° 1 de son casier judiciaire, auquel l'accès est cependant plus retreint.
[2] Art. 230-10 CPP.
[3] V. la note « Permanence gilets jaunes », du Procureur de Paris R. Heitz, envoyée le 12 janv. 2019, dont le contenu a été révélé par le Canard enchaîné, puis par France Info.

2.1. La dissimulation du visage bis

La loi du 10 avril 2019 a prévu la création d'une nouvelle infraction à l'article 431-9-1 du Code pénal. L'article dispose qu'est punie d'un an d'emprisonnement et de 15 000 € d'amende, la dissimulation volontaire de tout ou partie du visage, « au sein ou aux abords immédiats d'une manifestation sur la voie publique, au cours ou à l'issue de laquelle des troubles à l'ordre public sont commis ou risquent d'être commis ». On peut s'interroger sur la cohérence juridique de cette nouvelle incrimination, ainsi que sur son utilité pratique.

Quant à sa cohérence juridique, on pouvait douter du bon respect du principe de légalité pénale, tant certains termes sont imprécis : aux abords immédiats, des troublent qui risquent d'être commis, au cours ou à l'issue, et un motif légitime[1]. Pour autant, le Conseil constitutionnel a rapidement effacé la critique. Il a notamment affirmé qu'« en écartant du champ de la répression la dissimulation du visage qui obéit à un motif légitime, le législateur a retenu une notion qui ne présente pas de caractère équivoque »[2].

Pourtant, la notion de motif légitime laisse dubitatif. Quelle est-elle et comment la comprendre ? Aucune disposition pénale ne prévoit ce qu'est un motif légitime. Une grande marge de manœuvre est ainsi laissée au juge : à lui de déterminer ce qui relève du motif légitime de ce qui n'en relève pas. Les sénateurs ont tout de même laissé entendre, à l'occasion de la discussion du texte, que « des manifestants qui se dissimulent partiellement le visage pour se réchauffer un jour de grand froid ou pour se protéger contre les gaz lacrymogènes utilisés pour disperser une manifestation ne sauraient donc être sanctionnés »[3]. Mais cet exemple révèle toute l'imprécision de la notion. Comment distinguer celui

---

[1] En ce sens, v. « Questions à Christine Lazerges » préc.

[2] Cons. const. 4 avril 2019, préc.

[3] Rapport de la Commission des lois du Sénat, n° 51 (2018-2019), de C. TROENDLÉ, déposé le 17 octobre 2018. « Aucune sanction ne pourra non plus être encourue en cas de dissimulation du visage pour un motif légitime. Des manifestants qui se dissimulent partiellement le visage pour se réchauffer un jour de grand froid ou pour se protéger contre les gaz lacrymogènes utilisés pour disperser une manifestation ne sauraient donc être sanctionnés ».

qui se protège du froid, de celui qui entend dissimuler son identité ?
Plus encore, la référence au motif légitime renvoie aux mobiles de l'agent, d'ordinaire indifférents à la constitution de l'infraction. En droit pénal, peu importe le mobile ; la volonté de commettre l'infraction et d'atteindre le résultat suffit. Ici, il faut voir quel est le motif poursuivi par l'agent, pour déterminer si l'infraction peut être retenue ou non. La répression devient imprévisible.
De façon plus générale, cette incrimination est symptomatique d'une nouvelle façon de faire du législateur : incriminer largement, tout en réservant l'existence d'un motif légitime. On multiplie les références au « motif légitime », afin de sauver les nouvelles incriminations de la censure[1]. Le procédé n'est pas satisfaisant et la pertinence juridique de cette nouvelle incrimination est donc loin d'être acquise.

Quant à son utilité, il est tout aussi tentant de la mettre en doute. N'est-ce pas une sorte de dissimulation du visage bis ? On se souvient de cette contravention dont la création avait suscité d'âpres débats pour un résultat minime : en 2017, on comptait seulement une quinzaine de contraventions pour dissimulation du visage[2]. Certes, la finalité du texte est différente. Il n'est pas question ici de viser le port du voile intégral, mais bien les procédés permettant de dissimuler son identité alors que l'on participe à une manifestation. Et, surtout, la peine est aggravée. On passe d'une contravention à un délit. C'est là tout l'intérêt de la disposition : ce nouveau délit est en effet de nature à justifier le placement en garde à vue. C'est ce qui a emporté la conviction du législateur.

---

[1] Il y a onze occurrences du motif légitime dans le Code pénal. L'expression a cristallisé les tensions au moment de la tentative d'incrimination de la consultation habituelle de sites terroristes. La question est parfois évoquée par les auteurs, v. notamment A. LEPAGE, « Infractions contre les biens : la volonté d'informer ne constitue pas, en soi, un motif légitime en matière de publication des vulnérabilités », *JCP G*, n° 1-2, 11 janv. 2010, 19 ; M. BAREL, « L'article 323-3-1 nouveau du Code pénal » in *Sécurité informatique*, sept. 2005, n° 54.
[2] Et moins d'une quinzaine par an depuis l'entrée en vigueur de la contravention. V. Rapport n° 1600 visant à prévenir les violences lors des manifestations et à sanctionner leurs auteurs, préc. n° 36.

Et le constat est sans appel : le nombre de gardes à vue effectuées dans le cadre des manifestations est considérable[1]. Pour autant, est-ce vraiment un effet de la nouvelle incrimination ? On connaît d'autres délits qui permettent le placement en garde à vue avec tout autant de facilité, si ce n'est plus. On songe ici aux délits d'association de malfaiteurs[2], et surtout à l'attroupement[3], largement utilisés à cette fin. On recensait déjà un nombre important de gardes à vue avant l'adoption de la loi d'avril[4]. Etait-il indispensable d'ajouter ce nouveau délit ? D'ailleurs, plus fondamentalement, le recours à la garde à vue n'est pas anodin. Il s'agit d'une privation de liberté qui ne doit pas être trop facilement mise en œuvre, au risque une fois encore, de dissuader de manifester[5].

---

[1] On avance le chiffre de 10000 gardes à vue depuis le début du mouvement des « gilets jaunes », ce qui est considérable. V. E. VINCENT, « « Gilets jaunes » : 10000 gardes à vue, 3100 condamnations… une réponse pénale sans précédent », *Le Monde*, 8 nov. 2019.

[2] Art. 450-1 CP.

3 Art. 222-14-2 CP, « Le fait pour une personne de participer sciemment à un groupement, même formé de façon temporaire, en vue de la préparation, caractérisée par un ou plusieurs faits matériels, de violences volontaires contre les personnes ou de destructions ou dégradations de biens est puni d'un an d'emprisonnement et de 15 000 € d'amende ». Sur ce point, v. les propos de V. Charmoillaux, le secrétaire général du Syndicat de la magistrature (SM) reconnaît : « l'infraction "groupement en vue de commettre des violences" est détournée, utilisée pour priver quelqu'un de liberté et non pour les besoins d'une enquête, dans des dossiers qu'on sait d'emblée trop fragiles pour permettre des poursuites ». Cité par A COÏGNAC, préc.

[4] 8645 personnes avaient été placées en garde à vue dans le cadre des manifestations des « gilets jaunes », avant même que la loi d'avril ne soit adoptée. C. BOUANCHAUD, « La justice face aux « gilets jaunes » : un nombre colossal de gardes à vue et un recours massif aux comparutions immédiates », Le Monde, 29 mars 2019.

Sur ce point, v. également P. JANUEL, préc. « La garde à vue semble être érigée en objectif, alors même que les possibilités sont déjà larges (il y en a eu 5 339 depuis le début du mouvement des gilets jaunes) ».

[5] Particulièrement problématique : on note le placement en garde à vue à titre préventif, afin d'éviter que ces personnes ne viennent grossir les rangs des manifestations. La note « Permanences gilets jaunes », du Procureur de Paris R. Heitz, préc., incite en effet à ne lever les gardes à vue que le samedi soir ou le dimanche matin, même si les faits sont ténus et même s'il y a classement sans suite, afin d'empêcher les interpellés de "retourner grossir les rangs des fauteurs de troubles". Il est de surcroît difficile de contester les gardes à vue et de mettre

L'utilité de la nouvelle incrimination est loin d'être évidente. Il en va malheureusement de même de la peine complémentaire d'interdiction de manifester.

2.2 La peine complémentaire bis

L'article 7 de la loi prévoit une peine, et non une mesure administrative cette fois, d'interdiction de manifester. Elle prend place parmi la liste des peines complémentaires supposées combattre une délinquance ou une criminalité particulière. Plus précisément, le juge pénal est susceptible de prononcer une interdiction de manifester qui ne peut excéder trois ans et doit être limitée à certains lieux qu'il décide[1]. En outre, cette peine complémentaire ne peut répondre qu'à la commission de certaines infractions, listées par les textes. Enfin, le Conseil constitutionnel a veillé à ce qu'il ne s'agisse pas d'une peine automatique ou accessoire, appliquée sans que le juge ait à la prononcer ou sans qu'il puisse la personnaliser.
Voici donc, en apparence, un apport du texte : éviter la répétition des violences au sein des manifestations, en excluant les personnes déjà condamnées pour cette raison. Mais, en réalité, ce n'est pas une nouveauté car l'interdiction de manifester était déjà prévue par l'article L. 211-13 du code de la sécurité intérieure[2]. La loi anti-casseurs a donc simplement déplacé cette peine au

---

en cause la responsabilité de l'État pour cette raison. Sur ce point, v. A Coïgnac, préc. De façon plus générale, pour une dénonciation du risque de gardes à vue abusives, v. P. Cassia, « La dissimulation du visage en lien avec une manifestation : un nouveau délit délirant », Médiapart, 11 avril 2019.

[1] Art. 131-32-1 CP.

[2] « Les personnes s'étant rendues coupables, lors du déroulement de manifestations sur la voie publique, des infractions prévues aux articles 222-7 à 222-13, 322-1, premier alinéa, 322-2 et 322-3, dans le cas de l'infraction définie à l'article 322-1, premier alinéa, et 322-6 à 322-10 du Code pénal encourent également la peine complémentaire d'interdiction de participer à des manifestations sur la voie publique, dans des lieux fixés par la décision de condamnation, pour une durée ne pouvant excéder trois ans. Si cette interdiction accompagne une peine privative de liberté sans sursis, elle s'applique à compter du jour où la privation de liberté a pris fin. Le fait pour une personne de participer à une manifestation en méconnaissance de cette interdiction est puni d'un an d'emprisonnement et de 15 000 euros d'amende ».

sein du Code pénal. Certes, le champ de la mesure a été étendu à cette occasion : davantage de délits sont concernés[1], et davantage de juges peuvent la prononcer (la juridiction de jugement, mais également le juge d'instruction et le juge des libertés et de la détention dans le cadre du contrôle judiciaire[2]). Mais est-ce de nature à rendre cette mesure efficace ? On recensait seulement 32 peines de ce type depuis 1995[3]. L'introduction au sein du Code pénal incitera-t-elle les juges à la prononcer davantage ? Dans le cas contraire, il est à craindre que la loi d'avril dernier n'apporte, là non plus, guère de nouveauté.

En somme, entre mesures administratives excessives et mesures répressives superflues, le bilan est bien maigre pour un texte si controversé.

---

[1] Elle concerne désormais également l'infraction prévue par l'art. 222-14-2 CP, c'est-à-dire l'attroupement, ainsi que les infractions prévues par les art. 431-9 et s. CP, qui répriment les manifestations illicites et la participation délictueuse à une manifestation ou à une réunion publique.

[2] Art. 138 3° bis.

[3] P. JANUEL, préc.

VI. Contrainte étatique et manifestation de rue

François Dieu
Professeur de sociologie
Faculté de droit et de science politique (IDETCOM)
Université Toulouse 1 Capitole

Si la démocratie s'entend comme l'expression majoritaire — par le recours à des élections concurrentielles et dans le respect des fondements de l'État de droit — de la souveraineté nationale, elle se caractérise également par la reconnaissance des droits des minorités politiques. Un des paramètres de la réalité démocratique se situe dans le rôle dévolu aux oppositions, avec la faculté, pour ces dernières, de s'exprimer à l'intérieur d'un espace de compétition politique dans lequel la violence est normalement mise hors-jeu. La contestation pacifique du pouvoir légitime fait donc partie intégrante de la démocratie qui, tout en étant garant de l'ordre, se doit d'accepter certaines formes de désordre.

La rue constitue un des espaces privilégiés où, dans le cadre des manifestations, s'affrontent pacifiquement l'ordre et le désordre dans un mouvement dialectique au terme duquel l'ordre se définit, empiriquement, comme une forme de désordre acceptable.

Ces manifestations se distinguent ainsi des insurrections et émeutes ayant émaillé l'histoire de France et provoqué, sur la voie publique, la confrontation de deux formes de violence politique : celle des contestataires et celle des forces de répression. Leur essor peut être identifié dans les années 1880, même si le procédé pouvait s'avérer en contradiction avec les évolutions politiques intervenues. Le suffrage universel (masculin) combiné aux conquêtes démocratiques (comme la reconnaissance du droit de grève) semblait permettre, en effet, l'expression du citoyen par la voie parlementaire (et syndicale) et rendre inopportun, si ce n'est illégitime et dangereux le recours à des formes d'expression concurrentes comme la manifestation de rue. Aussi, malgré les nombreuses demandes de la gauche républicaine, les gouvernements successifs de la Troisième République se refusèrent à toute intégration du droit de manifester dans le catalogue des libertés publiques. Interpellé le 21 janvier 1907 par le député Édouard Vaillant, Clemenceau, alors ministre de l'Intérieur, exprima sans ambages combien la rue devait demeurer un espace d'ordre, à l'abri des troubles : « il y a une grande différence entre le droit de manifestation et les autres libertés publiques parce qu'il s'exerce dans la rue et que la rue appartient à tout le monde ».

1. Une pratique reconnue par la démocratie pour peu qu'elle soit intégrée

Si la manifestation s'insère communément dans le fonctionnement démocratique, deux approches peuvent toutefois être distinguées en ce domaine : l'approche « minimaliste » faisant de cette pratique une composante de la culture politique participative acceptée par la collectivité ; l'approche « maximaliste » érigeant la manifestation en une forme de participation politique au même titre que l'expression électorale. Alors que la première approche s'inscrit dans le cadre de la démocratie représentative, la seconde peut en constituer une source de contestation, voire de remise en cause.

Usage politique de la rue normalement compatible avec les fondements de la démocratie représentative, les manifestations ont pour objet d'interpeller, d'exercer une pression sur les gouvernants, de manière à influer, à peser, à des degrés variables, sur leurs décisions et leurs actions. Dans cette perspective, on a pu ainsi en distinguer plusieurs types : les manifestations « initiatrices », qui sont destinées à imposer sur la scène politique un problème délaissé par le jeu institutionnel, comme les manifestations féministes du début des années 1970 ; les manifestations « routinières », qui permettent à des organisations de rappeler périodiquement leur capacité mobilisatrice et leur représentativité, comme les manifestations syndicales classiques et les défilés du 1er mai ; les manifestations « de crise », qui sont associées à des affrontements politiques tendant à renverser ou à sauvegarder le pouvoir en place, comme la manifestation du 6 février 1934 ou celle du 30 mai 1968 (Favre, 1990, 11-65). La manifestation constitue alors un moyen direct d'information et d'interpellation du pouvoir politique, ce qu'illustre, en particulier, la fréquence des

manifestations « dépendantes » (Favre et Fillieule, 1994, 126), c'est-à-dire dont l'existence est en rapport immédiat et causal avec la survenance d'un événement extérieur.
La participation à une manifestation s'apparente à une affirmation publique d'un engagement politique, ne serait-ce que parce que les manifestants se donnent à voir (notamment lorsqu'il s'agit d'une micro-mobilisation), c'est-à-dire qu'ils utilisent le fait de descendre dans la rue comme un moyen de s'exprimer et de témoigner, tout en étant plus ou moins conscients de s'exposer alors aux risques inhérents à toute manifestation.
La manifestation s'adresse paradoxalement davantage à ceux qui n'y prennent pas part (les gouvernants, l'opinion publique, les forces politiques, etc.), qu'il s'agisse de leur faire parvenir un témoignage de soutien, une marque de défiance, un appel de détresse, une provocation ou une menace. Elle apparaît alors comme un instrument populaire de communication politique, dont le caractère démocratique dépend largement de l'absence de violence au cours de son déroulement. D'un point de vue ethnologique, la manifestation constitue ainsi une production culturelle d'un genre singulier, en ce sens qu'elle est une « mise en scène individuelle et collective », une « accumulation et concentration de signes », utilisant, dans un dessein militant, slogans, banderoles, panneaux, cris et gestes (Collet, 1982, 167-176).
Dès lors, et parce que le phénomène manifestant est à la fois attitude et langage naturels de la démocratie, l'accroissement et la diversification des manifestations pacifiques peuvent être considérés comme un paramètre significatif du caractère démocratique du régime, auquel les gouvernants doivent alors s'interdire de porter atteinte par des restrictions excessives à ce qui peut apparaître comme une « liberté de manifester ». De même, existe-t-il une sorte d'antinomie de principe entre le pluralisme politique et l'usage de la contrainte physique contre les citoyens contestataires, toute erreur ou « bavure » commise dans le domaine du maintien de l'ordre pouvant, de surcroît, avoir des conséquences sur l'issue du mouvement de revendication, quand ce n'est pas sur le gouvernement et le régime politique.

La fonction démocratique de la manifestation doit être, pour certains, encore plus étendue que cette simple intégration dans le fonctionnement de la démocratie représentative. Cette approche « maximaliste », qui appréhende la manifestation comme une forme légitime de participation politique, a été développée par Amitaï Etzioni avec le paradigme de la « démocratie manifestante » (Etzioni, 1970). Dans le contexte particulier, il est vrai, des mobilisations collectives aux États-Unis pour la promotion des droits civiques et contre l'engagement militaire au Vietnam, il existerait, selon lui, dans toute démocratie pluraliste, une complémentarité entre l'expression des opinions par la manifestation (démocratie manifestante) et celle empruntant la voie des élections au suffrage universel (démocratie représentative). La manifestation serait alors, de manière conjoncturelle, un équivalent fonctionnel, voire un correctif légitime de l'expression électorale. En se fondant sur l'émergence dans plusieurs pays développés (Hollande, Grande-Bretagne, États-Unis, ex-RFA et Autriche) de nouvelles pratiques politiques d'action directe (manifestation pacifique, pétition, boycott, grève sauvage, occupation de locaux, etc.), Samuel Barnes et Max Kaase ont souligné la continuité entre la participation politique conventionnelle orientée vers le vote (lecture de journaux, discussions politiques, assistance à des meetings, etc.) et ces formes de participation politique non conventionnelle (Barnes et Kaase, 1979).
Ainsi, avant de devenir ce mode d'expression des opinions et des revendications à caractère catégoriel couramment employé de nos jours par les groupes sociaux les plus divers (des infirmières aux agriculteurs, en passant par les surveillants de prison et les défenseurs de l'environnement), la manifestation a représenté l'un des modes d'action privilégiés des dominés et de leurs organisations représentatives (syndicats ouvriers et partis de gauche).
Cette idée de démocratie manifestante prend une dimension particulière dans le contexte actuel de crise de la démocratie représentative, qui se manifeste, rappelons-le, par l'abstentionnisme et l'érosion de la participation politique, l'émiettement électoral et la progression des partis extrémistes, le recul de l'engagement politique et syndical, la dégradation de l'image des responsables politiques et l'antiparlementarisme, la montée en

puissance des groupes de pression et des corporatismes. Une partie des citoyens — somme toute assez minoritaire — aspire à une participation plus active, allant dans le sens d'une sorte de démocratisation de la démocratie. Ces interrogations sur le bien-fondé de la représentation ont conduit à l'émergence d'autres modèles qui, pour certains, pourraient constituer des alternatives à la démocratie représentative : la « démocratie de proximité » (proximité physique plus grande entre gouvernants et gouvernés), la « démocratie participative » (large autonomie donnée au citoyen au niveau local), la « démocratie délibérative » (formation des volontés par le développement d'un débat public ouvert et informé) et la « démocratie d'opinion » (valorisation de la participation politique en dehors du cadre électoral). C'est ce dernier modèle qui reconnaît à la manifestation de rue une fonction déterminante de mise en scène de l'opinion publique, conjointement aux sondages d'opinion censés lui conférer une mesure opérante (Champagne, 1989). Cette démocratie d'opinion n'en est pas moins une construction particulièrement aléatoire, car reposant sur la notion ambiguë et controversée d'opinion publique. Ce qui caractérise, en effet, cette dernière, c'est qu'elle est une sorte de fiction, un « construit social » dépendant de la situation dans laquelle elle s'exprime et qu'il est bien difficile de saisir de manière homogène (Bourdieu, 1973). Dans ces conditions, il n'est guère concevable de considérer l'opinion publique comme une alternative acceptable démocratiquement à l'expression électorale. Par certains côtés, elle favorise l'avènement d'une « souveraineté d'empêchement » qui résulte d'un ensemble de pratiques de surveillance et d'obstruction au travers desquelles la société exerce des pouvoirs de correction et de pression, faisant immanquablement le jeu de l'apathie politique et du populisme (Rosanvallon, 2006).

Pour toutes ces raisons, diverses objections apparaissent donc logiquement lorsqu'il s'agit de reconnaître à la manifestation une fonction démocratique étendue, au rang desquelles figure l'efficacité douteuse du procédé, il est vrai, encore aujourd'hui aux relents d'émeutes et bien souvent trop banalisé pour être vraiment efficace ou encore l'absence de maîtrise véritable, si ce n'est sur le déroulement et les conséquences, au moins sur le sens et l'interprétation donnés à toute démonstration de rue. Par ailleurs, et sur un plan plus fondamental, la manifestation ne peut concurrencer l'élection comme mode principal d'expression démocratique, tant sur le plan du principe même de la démocratie que de la représentativité de l'expression manifestante. Ainsi, une manifestation imposante qui réunirait dans les rues de Paris une foule de 100 000 personnes ne représente, dans le meilleur des cas (c'est-à-dire dans l'hypothèse forte selon laquelle elle ne serait constituée que d'électeurs potentiels), que 0,2% de l'électorat... Le pouvoir ne peut donc être dans la rue ou se voir imposer ses décisions par une pression populaire, ce qui reviendrait alors au triomphe de la démagogie et des intérêts particuliers. Qui plus est, empruntant la rue comme caisse de résonance, la manifestation a tendance à amplifier la représentativité des revendications et des individus ou groupes qui les mettent en avant, tout en pouvant laisser penser que l'usage même résiduel de la violence est un moyen d'expression légitime. En effet, indépendamment de sa nature, de sa structure et de son objet, le déroulement de toute « manif », parce que cette dernière conduit à mettre dans la rue un ensemble indéfini et hétéroclite d'individus aux motivations différentes (manifestants, service d'ordre, police, « casseurs », presse, passants, etc.), est par nature imprévisible et, par là même, potentiellement source de troubles, que ces derniers soient accidentels ou consécutifs à des actes de vandalisme ou de violence, qu'une partie plus ou moins importante de la foule manifestante en soit à l'origine ou les victimes, qu'ils surviennent ou non dans le cadre d'une confrontation avec les forces de l'ordre ou de heurts avec des contre-manifestants.

Le diktat de la rue et de l'opinion publique, par une expression tumultueuse, menaçante, voire violente, signifierait le renoncement au principe même de la souveraineté démocratique et ses prolongements que sont l'intérêt général et l'État de droit. À la lumière des manifestations étudiantes et lycéennes du printemps 2005 contre le CPE et de la reculade du gouvernement de Villepin, des réserves ont ainsi pu être logiquement exprimées sur ces dérives populaires : « Les manifestants n'étant jamais qu'une infinie minorité de la population, il est facile d'avancer qu'ils ne

sont, d'aucune manière, habilités à représenter dans son ensemble une volonté générale que seule exprime solennellement la loi. Ce ne seraient en fait que des trublions illégitimes utilisant la pression de la rue pour faire céder le gouvernement sur un point qui lui tient à cœur ou d'exprimer, souvent par la violence, l'exaspération qui est la leur » (Robert, 2006, 840).
Cette objection demeure pertinente dans le contexte, depuis la fin de l'année 2018, de multiplication des manifestations-émeutes en lien avec le mouvement des « gilets jaunes ». Il ne faudrait donc pas que le droit de manifester devienne l'alibi et l'instrument des ennemis de la démocratie ou, plus prosaïquement, de tous ceux qui n'acceptent pas, à propos de problématiques spécifiques, la loi de la majorité et la représentation politique, c'est-à-dire la primauté de l'intérêt général sur les intérêts particuliers et, corrélativement, la prépondérance de ceux en charge de la légitimité démocratique sur les leaders et porte-paroles autoproclamés de groupes de défense d'intérêts privés, voire de groupuscules aux motivations plus obscures. Dans cette perspective, les mobilisations et manifestations violentes des dernières années contre les projets d'aéroport de Notre-Dame-des-Landes (Loire-Atlantique) et de barrage de Sivens (Tarn) ont pu constituer, au-delà même de tout débat sur leur utilité sociale et leur impact environnemental, des atteintes manifestes non seulement aux fondements même la démocratie (avec même, s'agissant de Notre-Dame-des-Landes, le non-respect des résultats du référendum organisé en juin 2016), mais aussi au principe constitutionnel de la libre administration des collectivités territoriales. Elles ont donné également à penser que la violence et la menace peuvent s'imposer aux gouvernants légitimes, avec une invocation aussi dangereuse que fallacieuse du droit à la « résistance à l'oppression » affirmée dans la Déclaration des droits de l'homme et du citoyen de 1789.

2. Une pratique tolérée par le droit pour peu qu'elle soit pacifique

Au niveau de la contrainte étatique, la régulation de la manifestation s'effectue principalement, sur le plan de la relation entre forces de l'ordre et manifestants, par le recours au pouvoir d'influence (négociation avec les organisateurs de la manifestation, mise en place d'un service d'ordre interne à la manifestation, intimidation par l'interdiction de la manifestation et le déploiement préventif de forces policières) plutôt qu'à celui d'injonction (coercition), qui, bien que demeurant, au moins symboliquement, prépondérant, emprunte prioritairement les voies de la dissuasion et de l'euphémisation du recours à la contrainte policière (Filleule, 1997, 101-125).

Moyen privilégié d'expression démocratique, prolongement légitime dans l'espace public qu'est la rue des libertés de réunion et d'expression, la manifestation n'en représente pas moins un usage « anormal » de la voie publique : elle est de nature à provoquer des troubles, à constituer une menace pour la sécurité des riverains et à restreindre la liberté fondamentale d'aller et de venir par les problèmes de circulation qu'elle engendre. S'agissant du droit de manifester, c'est-à-dire d'exprimer collectivement une opinion ou une revendication par une action mobilisatrice prenant la forme d'un déplacement de personnes sur la voie publique, la législation française a opéré une dichotomie entre la manifestation (pratique tolérée soumise, depuis le décret-loi du 23 octobre 1935, à une obligation de déclaration préalable auprès de l'autorité préfectorale ou municipale) et l'attroupement (rassemblement de personnes sur la voie publique susceptible de troubler l'ordre public et de faire l'objet, à ce titre, d'une dispersion par les forces de l'ordre par le recours si nécessaire à la force).
La légalité ou l'illégalité de l'action collective dépend donc, au moins dans un premier temps, moins du comportement des manifestants que de la réponse du pouvoir à cette action, voire à son projet. La qualification juridique d'une manifestation peut également varier selon son fonctionnement. En effet, l'action est légale tant que l'itinéraire est respecté et que les manifestants ne se livrent pas à des actes contraires à la loi. La manifestation devient illégale, c'est-à-dire assimilable à un attroupement, lorsque l'itinéraire n'est plus respecté ou que l'ordre de dispersion n'est pas suivi d'effets. L'une des caractéristiques de la manifestation se situe justement dans le caractère précaire et relatif de la frontière entre l'action légale et l'action illégale. Ainsi est-il possible d'observer la survenance de nombreuses manifestations non décla-

rées, qui ne donnent pas lieu pour autant à intervention policière, au regard de leur caractère pacifique ou bien par pragmatisme. Aussi paraît-il exister, empiriquement, une liberté de se rassembler spontanément sur la voie publique admise, en l'absence d'observation du décret-loi de 1935, tant que l'ordre public n'est pas menacé, l'ordre de dispersion constituant alors, pour les forces de l'ordre et les manifestants, la frontière entre la tolérance et l'illégalité.

Concernant à la fois le groupe (en tant qu'expression collective d'une opinion ou d'une revendication) et l'individu (en tant que droit pour quiconque de participer à cette expression), la liberté de manifester est une « liberté précaire dans son principe et fortement encadrée quant à sa pratique » (Hubrecht, 1989, 185) (avec la procédure de déclaration préalable, le développement d'une pratique administrative où se conjuguent concertation et encadrement et l'existence d'un régime de sanctions et de responsabilités spécifiques). « Liberté innomée » (Tercinet, 1979, 1012) aucunement consacrée par le pouvoir constitutionnel (préambule de la constitution de 1958) et législatif, manifester ne constitue donc pas une liberté fondamentale, mais relève plutôt, plus prosaïquement, du domaine de la tolérance administrative.

Pratique tolérée par le droit, la manifestation bénéficie d'une acceptation par le corps social indissolublement liée à son caractère tendanciellement pacifique. Avec l'émergence du régime républicain devait progressivement s'imposer, du côté des forces préposées au maintien et au rétablissement de l'ordre, le principe du nécessaire respect de l'intégrité physique des manifestants, y compris dans les situations de tensions et de confrontations collectives. Cette pacification du maintien de l'ordre se traduit, fonctionnellement, par l'émergence d'une « police des foules » et, organiquement, par la constitution d'une force spécialisée. En d'autres termes, l'acceptation par la puissance publique des expressions de mécontentements sur la voie publique a permis d'opérer une gestion conciliante des antagonismes sociaux, à l'intérieur d'un cadre physique et normatif dans lequel ces expressions pourraient être canalisées, régulées et pacifiées.

Cette réduction significative de l'usage de la violence s'effectue conjointement à une explosion quantitative de ce phénomène (à l'heure actuelle, en moyenne, une trentaine par jour). Un faible pourcentage de manifestations donne lieu à des incidents (dégâts matériels et blessures corporelles) (Favre, 1990, 153), qui n'aboutissent que de manière exceptionnelle à mort d'homme : au cours des cinquante dernières années, on a ainsi pu dénombrer, en France, la mort d'une douzaine de personnes (dont la moitié à Paris) à l'occasion d'opérations de maintien de l'ordre.

Ce phénomène de pacification a été rendu possible par la transformation des organisations policières dans le sens de la spécialisation et de la professionnalisation (Bruneteaux, 1996). Ces mutations se sont traduites par le passage de la notion de répression à celle de maintien de l'ordre, et correspondent à l'intervention, depuis le début des années 1920, de forces spécialisées (gendarmerie mobile et compagnies républicaines de sécurité) en matière de protestations et d'expressions collectives sur la voie publique. Les forces de l'ordre se sont constituées à la faveur de l'émergence d'une problématique moderne du maintien de l'ordre, qui peut se résumer de la manière suivante : mettre en place au sein des structures coercitives de l'appareil d'État une « troisième force » (entre l'armée et la police) permanente, d'interposition, de temporisation et d'intervention. L'objectif des forces de l'ordre ne peut donc être de « combattre » le manifestant : le maintien de l'ordre n'est pas la guerre, mais une opération de police dans laquelle l'emploi de la violence (matraques, canons à eau, grenades lacrymogènes, etc.) ne peut être que limité au strict nécessaire ; le manifestant n'est pas un ennemi, mais un citoyen en situation d'être un adversaire temporaire.

Cette volonté de maîtriser et de limiter la violence s'est traduite également par la mise en place de services d'ordre propres aux manifestations (Sommier, 1993, 69-88), par l'existence d'un dialogue entre les organisateurs de manifestations et les autorités responsables du maintien de l'ordre (négociation pour l'horaire et le choix des itinéraires, instauration d'un contact permanent lors de la manifestation) et par le souci des pouvoirs publics de n'interdire que de manière exceptionnelle les manifestations (uniquement en cas de risques flagrants de troubles violents).

La présence de la presse est également un facteur de limitation de la violence, le journaliste jouant le rôle d'observateur, susceptible de rendre compte dans les colonnes de son journal ou avec l'objectif de sa caméra des incidents et d'en désigner les responsables (Wisler et Tackenberg, 2003). Cette couverture médiatique de ces « manifestations de papier » s'avère donc prépondérante, la manifestation n'étant pas seulement une démonstration de rue, mais aussi et surtout un événement « produit » à des fins de propagande, de sorte que « le lieu où se déroulent les manifestations, qu'elles soient violentes et spontanées ou pacifiques et organisées, n'est pas la rue, simple espace apparent, mais la presse au sens large » (Champagne, 1984, 28).

Ce contrôle démocratique de la manifestation est démultiplié aujourd'hui par la possibilité pour chaque citoyen de devenir, en quelque sorte, reporter d'images avec son smartphone ou sa tablette et de faire circuler instantanément ces dernières sur les réseaux sociaux et auprès des organes de presse. La violence des « casseurs » comme celle des forces de l'ordre peut se trouver ainsi portée crûment à l'attention de l'opinion publique comme de celle de la justice, ce qui peut avoir un effet dissuasif ou, tout au moins, euphémisant, dans le recours aux formes les plus saillantes et déviantes de violence, compte tenu alors de leurs conséquences politiques et judiciaires. La manifestation est une pratique désormais « vidéosurveillée » non seulement par les dispositifs mis en place par la puissance publique, mais aussi par l'action inopinée de tout un chacun, les manifestants comme les policiers et gendarmes se trouvant et se sachant, en quelque sorte, épiés, dans le dessein si ce n'est d'empêcher au moins de disqualifier les violences illégitimes.

La persistance, voire la multiplication, ces dernières années, de violences au cours de manifestations questionne cependant sur la capacité des responsables du maintien de l'ordre d'anticiper et de maîtriser ces épisodes de troubles, par-delà l'identification des dynamiques à l'œuvre dans passage à l'acte violent (Frank, 1984, 325-349 ; Favre, 1990, 149-169).

Même si l'immense majorité des manifestations de rue demeure largement pacifique, on observe la banalisation, dans la France contemporaine, de pratiques agressives de certains manifestants à l'égard des forces de l'ordre, qui ont pu revêtir récemment un caractère paroxystique, voire pathologique lors des manifestations des « gilets jaunes ». Les principaux débordements violents sont — si l'on met de côté, bien évidemment, les dégradations sur la voirie consécutives à la plupart des manifestations — le fait de « casseurs » (comme les « black blocs ») agissant, de manière isolée ou en bandes organisées, généralement lors de la dislocation des cortèges et donc en marge de la manifestation proprement dite (affrontements avec la police, bris de vitrines et pillages de magasins, incendies de véhicules, etc.). À côté de ces formes manifestes, voire extrêmes, il existe également des formes de violence plus diffuses, mais banalisées. Les invectives et les jets de projectiles semblent ainsi de plus en plus faire partie de la pratique manifestante, alors même que ce type de comportements sont proscrits dans le reste de la vie sociale. Sur fond de contestation de l'autorité et d'individualisme forcené, il s'agit là d'une sorte de remise en cause du dogme wébérien du monopole de la violence légitime, voire de sa délégitimation. La frontière entre l'ordre et le désordre devient alors relative, avec l'introduction d'une sorte de droit au désordre, voire à la violence envers les représentants de l'État. Cette perversion par rapport à l'idée même de la manifestation démocratique a été, paradoxalement et involontairement, rendue possible par la professionnalisation des forces de maintien de l'ordre. Ces dernières ont, en effet, développé des logiques d'usage résolument dissuasif et contenu de la force, tout en bénéficiant de moyens de protection de plus en plus efficaces, ce qui a pu les conduire à intégrer une sorte de posture de passivité, voire d'acceptation de cette violence.

Pour les manifestants qui se livrent à ces comportements agressifs et violents à l'égard des gendarmes mobiles et des CRS, il s'agit désormais pratiquement d'une sorte de droit acquis que d'ailleurs le système social dans son ensemble est porté à plus ou moins accepter, avec l'idée que ces agissements déviants sont pratiquement admissibles, même si, on le sait, ils se traduisent par un nombre significatif de blessés dans les rangs des forces de l'ordre. Le corollaire de cette dérive se situe dans la remise en cause plus ou moins importante de la légitimité, voire de la légalité de la réaction éventuelle des forces de l'ordre, même par le recours à des procédés défensifs de dispersion, de distanciation, notamment avec des grenades lacrymogènes. En d'autres termes, il semblerait exister, pour certains, un droit de s'en prendre plus ou moins violemment aux forces de l'ordre, comme si ces dernières devaient être le paratonnerre, le défouloir d'une violence sociale orientée vers le pouvoir, avec une sorte d'interdiction de répliquer, même s'il s'agit pour elles d'exécuter la mission confiée par l'autorité administrative, voire simplement de mettre en œuvre les règles de la légitime défense. À l'évidence, ces comportements violents de type émeutier qui ont dangereusement proliféré ces dernières années ne s'inscrivent pas dans le cadre normal de la manifestation de rue et, dès lors, il serait bien périlleux de remettre en cause l'édifice normatif établi pour garantir l'effectivité de cette pratique démocratique, en restreignant le droit de manifester et en chamboulant l'appareil de maintien de l'ordre.

Bibliographie

BOURDIEU P. (1973). « L'opinion publique n'existe pas », *Les temps modernes*, n°318, 1292-1309. Repris in *Questions de sociologie* (1984), Paris : Minuit, 222-235.

BRUNETEAUX P. (1996). *Maintenir l'ordre. Les transformations de la violence d'État en régime démocratique*. Paris : Presses de la FNSP.

CHAMPAGNE P. (1984). « La manifestation : la production de l'événement politique », *Actes de la Recherche en Sciences Sociales*, n°52-53, 18-41.

CHAMPAGNE P. (1989). *Faire l'opinion. Le nouveau jeu politique*. Paris : Minuit.

COLLET S. (1982). « La manifestation de rue comme production culturelle militante », *Ethnologie Française*, vol. XII, n°2, 167-176.

ETZIONI A. (1970), *Demonstration Democracy*. New York : Gordon and Breach.

FAVRE P. (sous la dir.) (1990). *La manifestation*. Paris : Presses de la FNSP.

FAVRE P. (1990). « Nature et statut de la violence dans les manifestations contemporaines », *Les Cahiers de la Sécurité Intérieure*, n°1, 149-169.

FAVRE P. et FILLIEULE O. (1994), « La manifestation comme indicateur de l'engagement politique », in Pascal Perrineau (sous la dir.), *L'engagement politique. Déclin ou mutation ?* Paris : Presses de la FNSP, 115-139.

FILLIEULE O. (1997). *Stratégies de rue. Les manifestations en France*. Paris : Presses de la FNSP.

FRANK J.A. (1984). « La dynamique des manifestations violentes », *Revue Canadienne de Science Politique*, vol. XVII, n°2, 325-349.

HUBRECHT H. G. (1990). « Le droit français de la manifestation », in *La manifestation*, sous la dir. de Pierre Favre. Paris : Presses de la FNSP, 181-206.

ROBERT J. (2006). « La manifestation de rue », *Revue du Droit Public*, n°4, 829-846.
ROSANVALLON P. (2006). *La Contre-Démocratie. La politique à l'âge de la défiance*. Paris : Seuil.
SOMMIER I. (1993). « La CGT : du service d'ordre au service d'accueil », *Genèses*, « Maintenir l'ordre », n°12, 69-88.
TERCINET M.R. (1979), « La liberté de manifestation en France », *Revue du Droit Public*, 1009-1058.
WISLER D. et TACKENBERG M. (2003). *Des pavés, des matraques et des caméras*. Paris : L'Harmattan, « Logiques sociales ».

VII. Le maintien de l'ordre, aspects pratiques (doctrine du maintien de l'ordre et armes utilisées)

Pierre Casaubieilh
Général de division, adjoint au directeur des opérations et de l'emploi

Le maintien de l'ordre est une fonction régalienne qui peut s'exercer par la force. Et cette force n'est pas d'abord mise en œuvre pour répondre à une agression, mais pour défendre l'ordre, pour remplir une mission. La fonction de l'État est bien de maintenir l'ordre et, si nécessaire, de le rétablir.

Deuxième rappel, l'ordre public consiste en un équilibre entre la liberté de manifester (et non le droit), et des libertés concurrentes, de travailler, de circuler, etc., équilibre dont l'État est le garant. Par conséquent, la force publique n'est pas une prérogative égale à une force manifestante. Elle est un principe qui est au commencement de l'État, « *instituée pour l'avantage de tous* » (art. 12 de la Déclaration des droits de l'Homme de 1789).

Pour autant, cette force est encadrée. Mieux, parce que la force publique en France n'est pas tyrannique, sa mise en œuvre est autocontrainte par l'État, de manière libérale, au nom des libertés publiques. Ainsi, une manifestation non déclarée n'est pas forcément interdite. Elle l'est même rarement. Si des moyens de coercition sont jugés contraires à l'intérêt commun, ils sont proscrits (grenade offensive, flash-ball ou projectiles non métalliques de 56 mm autrement nommés la munition Bliniz).

Équilibre des libertés, auto-contrainte de la puissance publique, telle est la philosophie dominante qui dirige l'action, l'entraînement, et l'équipement de la Gendarmerie.

1. Quelle doctrine ?

Polyvalente, la Gendarmerie française offre une capacité originale pour garantir la continuité de l'action de l'État en tout temps, tous lieux (métropole, outre-mer, OPEX). Elle inscrit, en effet, son action dans une démarche de stricte gradation[1] des réponses, et elle privilégie une souplesse d'emploi évitant le recours à des moyens d'exception.
Ainsi la Gendarmerie couvre-t-elle le spectre missionnel paix-crise-guerre, de la sécurité publique générale aux opérations extérieures, en passant par le maintien de l'ordre.
Mais sa vocation spécifique est de garantir l'action de l'État dans ce segment intermédiaire du maintien de l'ordre, classique, voire de haute intensité, où la police ne peut pas toujours être engagée, et où les armées seraient d'un recours disproportionné.
La Gendarmerie est une capacité pivot, une 3ᵉ force (pour reprendre l'expression utilisée par le sociologue et politologue Didier Bigo), 3ᵉ force ou force intermédiaire qui a contribué par son emploi contenu de la force, à prévenir des fractures durables au sein de la Nation, et à favoriser une gestion politique de la crise.
Force intermédiaire, la Gendarmerie a pour but d'être un acteur et un facteur de cohésion sociale, même et surtout dans les situations les plus dégradées. Or, l'État doit disposer de forces spécialisées, qui servent une logique de négociation, d'escalade, de désescalade et d'apaisement.
Dans le cas contraire, une force brutale qui emporterait une victoire tactique immédiate compromettrait la stabilité des liens sociaux et des institutions en générant des fractures durables. Sur ce point, mai 1968 consacre l'avènement d'une nouvelle légitimité du pouvoir, fondée sur l'économie de la force par les autorités souveraines, comme fondement de l'équilibre de la société. Le maintien de l'ordre s'inscrit donc dans une perspective de retour à la normale, dans la souplesse, autant que faire se peut.

---

[1] Art. R 211-13 du Code de la sécurité intérieure : « *L'emploi de la force n'est possible que si les circonstances le rendent absolument nécessaire au maintien de l'ordre public, et la force déployée doit être proportionnée au trouble à faire cesser* ».

À cet égard, le maintien à distance de l'adversaire, socle d'une certaine école que l'on peut qualifier de française, par le mouvement et les gaz lacrymogènes, retarde voire évite le contact avec l'adversaire, et donc les blessés. En effet, cet impératif tactique :

- évite les provocations et l'emploi incontrôlé de la force
- évite le corps-à-corps qui désorganise le dispositif
- donne le temps à l'adversaire de se retirer
- protège les forces de l'ordre des projectiles à main
- offre un temps de réaction au commandement

Sauf exception pour procéder à des interpellations, car le maintien de l'ordre participe aussi, dans l'État de droit, de la répression nécessaire des auteurs d'infractions. Cette dimension du maintien de l'ordre est bien assumée par les forces mobiles qui inscrivent par nature leur action dans le périmètre du métier policier. À cet égard, nous cherchons à identifier les délinquants dans les conditions les plus souples possible. Ainsi les cellules d'images d'ordre public des escadrons permettent-elles d'identifier des auteurs et de les interpeller plus tard et non sur l'instant, ce qui peut être parfois préférable, dans un souci d'apaisement.

Première force historique de police spécialisée dans le maintien de l'ordre en France, la Gendarmerie mobile est l'expression même de cette philosophie.
Elle est le résultat de la combinaison de plusieurs facteurs tenant à la tenue des gendarmes, à leur équipement adapté aux circonstances, à la nature du dispositif, à leurs modes d'action, et au dosage de l'emploi de la force, dans le respect des principes légaux de proportionnalité et d'absolue nécessité.
Un exemple, si la gendarmerie mobile a parfois recours aux véhicules blindés ils sont de couleur bleue, sans armement de puissance, dotés de roues et non de chenilles agressives, et ils ont comme vocation première d'offrir une protection aux gendarmes.
Un autre exemple : si le gendarme débarque caparaçonné face à une foule non hostile, il n'enverra pas un signal apaisant aux manifestants. Au contraire, nous apprenons que le maintien de l'ordre négocié est le corollaire du principe de gradation. Le maintien de l'ordre est une école de mesure nécessitant que le contact négocié soit préservé aussi longtemps que possible, pour

convenir d'un désordre maîtrisé avec un service d'ordre, quand il en existe un. Car la négociation présuppose l'existence d'un interlocuteur qui, parfois, n'existe malheureusement pas.
Naturellement, sans vouloir entrer dans le détail du cadre juridique qui est précisé par le Code de la sécurité intérieure, chaque palier de l'intervention correspond à un cadre juridique contrôlé par l'autorité habilitée.

Pour conclure sur l'esprit du cadre d'emploi, cette gradation s'exerce du bas vers le haut, car elle présuppose que la personne rencontrée est sociable, non dangereuse, à tout le moins raisonnable. Le gendarme ne criminalise pas *a priori* la personne à laquelle il est confronté. Ce processus est bien inverse à celui pratiqué dans certains pays totalitaires où une personne est un suspect en soi qui appelle d'emblée des mesures de haute coercition.

2. Mise en œuvre pratique de cette philosophie : préparation et équipements

Le maintien de l'ordre est un métier à part entière qui nécessite des qualités tactiques et morales (de discernement, de sang-froid, de retenue), en un mot des compétences indispensables. Pour cette raison, la Gendarmerie privilégie le recours à des unités professionnalisées, et par exception, autant que par nécessité, à des unités généralistes, territoriales.

Dans cet esprit, l'entraînement est un impératif majeur : « le gendarme agit comme il s'entraîne, et il s'entraîne comme il doit agir ».
En même temps qu'ils sont perfectionnés au maintien de l'ordre, les escadrons sont par exemple évalués, collectivement et par leurs chefs, sur leur capacité à servir en tout temps, tous lieux. Ce principe de précaution opérationnelle évite d'engager des unités pour lesquelles des réserves seraient émises par le chef de centre, à l'issue du stage.
Fidèles à cet esprit, nous dispensons une formation initiale élémentaire au maintien de l'ordre à l'ensemble des gendarmes,

quelle que soit leur subdivision d'arme. Cet enseignement se justifie au regard de la vocation globale de la gendarmerie, des qualités mentales qu'il exige, et pour affirmer l'autorité des futurs chefs dans leur commandement opérationnel.
Depuis cette année, les commandants de PSIG et leurs adjoints suivent un stage de formation à St Astier aux rudiments du maintien de l'ordre, en enseignements tirés de l'engagement de la Gendarmerie départementale dans la crise des « gilets jaunes ».
Ce réalisme de l'entraînement passe par la connaissance du cadre juridique (par ce qu'on ne fait pas n'importe quoi), un conditionnement des actes réflexes individuels et collectifs, pour développer une maturité psychologique dans la gestion du stress.

En effet, le caractère global et polymorphe des violences nous conduit à nous adapter à des manifestants qui sont parfois des adversaires, des insurgés, ou des assaillants, les mots ont leur importance.
Pour cette raison, les gendarmes sont tenus de faire preuve d'intelligence de situation, de discernement aussi. En effet, l'entraînement est majeur en cela qu'il détermine la justesse et l'efficacité de la réaction à l'incident. Cet entraînement doit donc être assuré de façon régulière, idéalement, de manière constante.

Pour ce faire, un escadron dispose de 4 pelotons, dont 1 peloton d'intervention, qui constitue l'élément de choc de l'unité, plus spécialement chargé des missions les plus délicates, au maintien de l'ordre, ou en appui de la gendarmerie départementale, notamment pour des missions d'interpellation de délinquants, mais aussi de dégagement de personnes menacées, ou des actions sur les flancs de l'adversaire, pour le désorganiser.
Pour économiser les forces qui sont rudement sollicitées, les escadrons sont en pratique déployés à 3 pelotons, ce qui limite ses capacités d'action. Les gendarmes en général et les gendarmes mobiles en particulier disposent :

- d'éléments de protection individuelle qui aident les forces de l'ordre à absorber la violence et, partant, à réagir avec sang-froid et mesure, en restituant le niveau de force le plus ajusté à la situation d'espèce ;

- de véhicules, nombreux, qui apportent de la souplesse manœuvrière, de la rapidité, de la réactivité à des situations changeantes et à un adversaire lui-même très mobiles, parfois ;
- de moyens de coercition, charges, grenades à main, lancées au Cougar de 56 mm, grenades assourdissantes et lacrymogènes à la fois, qui sont conditionnés à un cadre légal et découlent du principe de gradation. Trois régimes juridiques existent : l'emploi de la force, l'usage des armes, et le recours direct à la coercition en cas de violence et de voies de fait.

La période de troubles à l'ordre public, exceptionnelle par sa durée, que nous traversons nous a contraints à une adaptation :

- Le maintien de l'ordre n'est pas réductible à l'action des unités spécialisées : il est global, fait appel à une manœuvre intégrée de renseignement, de police judiciaire, et aux unités territoriales ; à cet égard, la loi dite « anti-casseurs », participe de cette conception.
- La mobilité extrême de l'adversaire nous a poussés à mettre en œuvre des moyens nouveaux pour le contrer : les PM2I, les chiens.

Enfin, la Gendarmerie avec la Police nationale et la Préfecture de police réfléchissent conjointement avec des experts, des professionnels en retraite, des sociologues, des journalistes, des médecins… Des points clés devraient en ressortir, entre autres :

- la recherche d'une meilleure compréhension et intelligibilité de l'action de l'État ;
- une communication plus transparente au maintien de l'ordre, notamment vis-à-vis des journalistes ;
- une clarification du cadre juridique existant.

VIII. Espace cyber : La contrainte légitime dans l'espace numérique

Marc Watin-Augouard
Général d'armée (2S)
Directeur du Centre de recherche de l'Ecole des officiers de la gendarmerie nationale (CREOGN)
Fondateur du FIC

Contrairement à l'utopie libertaire portée, en 1996, par John Perry Barlow dans sa « Déclaration d'indépendance du cyberespace »[1], l'espace numérique n'est pas un espace « à part », distinct des autres. Du moins, il ne l'est plus depuis que sa croissance exponentielle favorise l'émergence de l'hyperconnexion. Il y a cinquante ans, quatre ordinateurs échangeaient, pour la première fois, des données à distance[2] ; aujourd'hui, les experts parient sur mille milliards de machines connectées en 2030, sous l'influence, notamment, du déploiement de la 5G[3]. À cette date, la production annuelle de données atteindra l'équivalent capacitaire de mille milliards de disques durs d'un téraoctet. L'humain sera alors environné de systèmes « bavards » qui collecteront, traiteront, échangeront des données, sans lui, sur lui, malgré lui, voire contre lui. La donnée est déjà la « matière première » de la transformation numérique. Elle le sera davantage encore. « L'internet des choses » (IOT) va profondément « reformater » notre société et, avec elle, le droit. Le numérique pénètre dans tous les espaces (terrestre, maritime, aérien, extra-atmosphérique) ; il innerve toutes les activités humaines en favorisant de nouveaux usages, en remettant en cause nombre de paradigmes traditionnels. L'État, dans ses fonctions régaliennes, est mis à l'épreuve,

---

[1] John Perry Barlow, Déclaration d'indépendance du cyberespace, Davos, le 9 février 1996. Cette « déclaration » a été publiée au lendemain de la promulgation par Bill Clinton du *Telecommunications Act* et du *Communications Decency Act* libéralisant Internet aux États-Unis.

[2] En octobre 1969 a eu lieu le premier échange entre les universités de Stanford, de Santa Barbara, de Los Angeles et de Salt Lake City.

[3] La nouvelle norme devrait permettre de connecter 1 million d'objets par km^2.

tant les grands principes énoncés par Carré de Malberg[1] sont battus en brèche ou revisités. La souveraineté est affaiblie par une architecture de réseaux (presque) sans frontière. Le pouvoir de battre monnaie est rogné par les cryptoactifs (dont le Bitcoin). Le pouvoir de créer le droit relève de la « norme[2] », souvent déterminée par la technologie, fixée par le « code », l'algorithme, ou les clauses générales d'utilisations (CGU). Le pouvoir de rendre justice dépend, certes, de la compétence spatiale du juge, mais il est contrarié par l'extra-territorialité de nombreux contentieux de nature pénale, civile ou commerciale. Le pouvoir de faire la guerre est battu en brèche par des cyberattaquants non étatiques (pirates, mercenaires).

Dans le monde réel, l'exercice de la contrainte légitime, dans le cadre de la police administrative ou de la police judiciaire, relève encore des prérogatives de la puissance publique[3], même si certaines délégations s'observent au bénéfice des acteurs privés de la sécurité[4]. En s'inspirant de la théorie des espaces, il eut été séduisant de trouver une application, au sens mathématique du terme, qui permette de transposer dans l'espace numérique la notion de contrainte, telle qu'elle est comprise habituellement. À la vérité, il n'y a pas d'exemple pertinent, à l'exception sans doute de la perquisition et de la saisie informatiques, extensions dans l'immatériel d'un acte accompli dans le monde réel.

La contrainte numérique est *sui generis ;* elle est d'un autre type sans être pour autant être disjointe de la contrainte physique qu'elle précède généralement. La recherche de la preuve numérique en est le principal objectif. Elle peut aussi porter sur des contenus véhiculés sur internet, soit pour en contrarier la diffusion, soit pour cristalliser la preuve par leur exploitation.

---

[1] Raymond Carré de Malberg, *Contribution à la théorie générale de l'État*, Paris, CNRS Éditions, 1920.

[2] Lawrence Lessig, « Code is law ».

[3] Les agents des polices municipales et intercommunales mettent en œuvre une forme de contrainte légitime.

[4] Sous l'effet du terrorisme et de l'insécurité, les agents privés de sécurité sont dotés de prérogatives (contrôle des bagages, fouille-palpation, police des transports, etc.), mais, en droit, placés le plus souvent sous contrôle des OPJ.

1. La spécificité de la contrainte dans l'espace numérique

La contrainte numérique s'applique rarement directement sur sa « cible » ; elle est médiate et non immédiate. Elle est notamment une réponse à la nécessité de contrôler des flux croissants en nombre et en volume que la contrainte du monde réel ne peut seule maîtriser.

1.1. Une contrainte « médiatisée »

Dans le monde réel, la contrainte pèse directement sur des personnes physiques, voire morales et/ou sur des biens matériels. Résultant de l'action d'une autorité investie par la loi d'un pouvoir de coercition, elle se manifeste de manière physique (garde à vue, contrôle d'identité, rétention, perquisition, interdiction, obligation, etc.) ou morale (restriction de la liberté d'expression, de communication*)*. La personne concernée a conscience de sa réalité parce qu'elle s'opère « à force ouverte », sans intermédiaire. La contrainte est temporaire et individualisée, même si elle peut concerner un groupe humain (par ex. lors du maintien de l'ordre public), ce qui la distingue de la contrainte liée à une obligation légale qui s'applique de manière permanente, *erga omnes*[1].

Dans ou par l'intermédiaire de l'espace numérique, la contrainte a des conséquences indirectes sur les personnes physiques ou morales ou les biens matériels ou immatériels concernés. Elle peut être l'œuvre d'une sonde, d'un algorithme, d'une intelligence artificielle, d'un robot, d'un objet connecté. Elle est aussi « médiatisée » par l'entremise des acteurs qui régulent le cyberespace (fournisseurs d'accès, plateformes, opérateurs de télécommunications, etc.), sans que cette intermédiation exclue la responsabilité humaine et l'habilitation par la loi des acteurs publics qui en sont à l'origine. L'action sur les systèmes, les données, les flux, les connexions est l'interface entre le dépositaire de la « force numérique » publique et les personnes

---

[1] Cette contrainte se distingue de l'obligation plus générale de faire ou de ne pas faire, même si celle-ci est contraignante, notamment parce qu'elle est assortie de sanctions pénales.

concernées[1]. Par exemple, l'installation d'un logiciel « espion [2]» en vue d'une captation de données permet d'agir sur un système de traitement automatisé de données sans le consentement du « maître du système ». Cette captation, comme la sonorisation ou l'interception de correspondances agit sur les données. Le « géoblocage » affecte les flux en interdisant l'accès à un site web à certaines adresses IP. Il est mis en œuvre par les fournisseurs d'accès (FAI) à la demande des autorités publiques[3]. La mise en service d'un serveur de commande et contrôle (C&C), détournant les requêtes vers un serveur contrôlé, opère également une dérivation des flux[4]. L'utilisation d'un *IMSI catcher*[5], antenne qui leurre en captant les flux de données issus ou à destination des téléphones mobiles en lieu et place des relais officiels des opérateurs, est une contrainte qui affecte la liberté de communication. La conservation des données de connexion, imposée par la loi aux opérateurs et fournisseurs d'accès, est une contrainte qui permet la traçabilité des requêtes et, partant, contrôle la liberté « d'aller et venir » des internautes. La CJUE la considère comme excessive dès lors qu'elle a un caractère général et absolu[6].

---

[1] Adresse Internet Protocol permettant d'identifier une machine connectée.

[2] *Keyloger* qui permet de visualiser en direct tout ce qui apparaît à l'écran de la personne surveillée.

[3] On peut citer à titre d'exemple le géoblocage de l'accès à des sites de vente d'objets nazis sur yahoo.com ou le géoblocage de certains contenus, recommandé par la CJUE (arrêt (Grande chambre), du 24 septembre 2019 (C-136/17), GC, AF, BH, ED/ Commission nationale de l'informatique et des libertés (CNIL)

[4] Technique utilisée par le Centre de lutte contre la cybercriminalité de la gendarmerie nationale (C3N), à l'été 2019, pour mettre un terme à l'action du réseau d'ordinateurs « zombies » (botnet) *Retadup*.

[5] *International Mobile Subscriber Identity* : numéro permettant d'identifier l'utilisateur d'un réseau de téléphonie mobile.

[6] La jurisprudence de la CJUE soulève le problème de sa légalité : les États membres ne peuvent, à des fins de lutte contre la criminalité, imposer aux opérateurs une obligation générale et absolue de conservation des données de trafic et des données de localisation de tous les abonnés et utilisateurs inscrits et concernant tous les moyens de communication électronique. (Arrêt CJUE, 8 avril 2014, Digital Rights Ireland et Seitleinger, arrêt CJUE (grande chambre), 21 décembre 2016, Tele2 Sverige AB/Post-och telestyrelsen et Secretary of State for the Homme Department/Tom).

Tandis que, dans le monde réel, la contrainte se manifeste généralement selon la trilogie « unité de lieu, de temps et d'action » et vise une ou plusieurs personnes déterminées, dans l'espace numérique, elle peut s'affranchir du cadre espace-temps et viser un public indéterminé[1]. D'une part, parce que son point d'origine peut être distant de son lieu d'application, d'autre part, parce qu'elle est moins encadrée dans la durée et peut être différée. Tenant compte de ces spécificités, on peut définir la contrainte numérique comme une action unilatérale, le plus souvent invisible, imperceptible, qui a d'abord un caractère coercitif sur les connexions, les données, les flux, les systèmes connectés puis produit, directement ou par l'intermédiaire des opérateurs ou plateformes, des effets sur les personnes ou sur les biens qui sont reliés au réseau numérique (internet en particulier). Comme la contrainte dans le monde réel, elle entre en conflit avec un intérêt protégé et/ou une liberté publique. Elle est légitime lorsqu'elle est fondée en droit sur les principes de finalité, de nécessité, d'adaptation, de proportionnalité, tels qu'ils sont définis par le droit international, le droit européen et le droit national avec de nombreuses illustrations jurisprudentielles[2]. Le contrôle du juge est d'autant plus approfondi que la contrainte est « impalpable », discrète, voire secrète, insoupçonnée au moment où elle s'applique.

1.2. La contrainte numérique complément ou substitut de la contrainte dans le monde réel

La contrainte numérique s'ajoute voire se substitue progressivement à la contrainte « physique », car elle est une réponse au contrôle des foules à « l'âge de la multitude » et à l'heure de la mobilité. Dans certains cas, elle est une solution de rechange pour remplacer un mode de contrainte devenu délicat ou impossible à

---

[1] C'est le cas lorsqu'elle s'applique au contrôle du contenu de services de communication au public en ligne.

[2] La jurisprudence de la Cour de justice de l'Union européenne, de la Cour européenne des droits de l'homme, du Conseil d'État et de la Cour de cassation offre un nombre croissant d'exemples de contentieux portant sur la contrainte numérique.

mettre en œuvre. Comment contrôler un véhicule et/ou ses passagers à l'heure des véhicules autonomes, de la suppression progressive des péages ? Par des contrôles automatisés[1] et, sans doute, une action numérique pour prendre la maîtrise des systèmes qui régulent le véhicule. Comment exercer un contrôle douanier avec une croissance continue du trafic international, sinon en identifiant des objets connectés[2] ? Comment garantir l'authentification ou l'identification d'une personne au travers d'un document d'identité, sinon en s'appuyant sur des données personnelles[3], notamment biométriques ?
Cette substitution est souvent motivée par le confort, la simplicité, la vitesse, l'absence de contrainte physique ou l'apport de sécurité. La reconnaissance faciale évite les queues aux contrôles et donc les attentes ; elle est « transparente » et se fait oublier, comme on oublie aujourd'hui les caméras disséminées dans l'espace public. La vidéoprotection dissuade les malfaiteurs, la biométrie évite la fraude, etc. « *Pour éviter une contrainte réelle, acceptez une contrainte immatérielle !* », tel pourrait être le slogan avancé pour recueillir une « acceptabilité sociale » de la mesure. Chaque solution ouvre le débat sur l'équilibre sécurité/liberté. Toutes réunies peuvent conduire au « modèle » chinois de l'hypersurveillance. Ne plus pouvoir se déplacer sans être tracé, ne plus pouvoir penser sans être profilé, ne plus pouvoir agir sans être évalué, voilà sans doute ce qui pourrait affecter les modes de vie des générations à venir et justifie une très grande prudence quant à la multiplication des moyens.

---

[1] Les lecteurs automatisés de plaques d'immatriculation sont les prémices d'un système, étendu peut-être un jour à la « lecture automatisée des visages », reconnaissance faciale aidant.

[2] Pour prendre l'exacte mesure du problème, il suffit d'observer un porte-container en provenance de Chine. Il contient 15.000 EVP (container équivalent 20 pieds, soit un camion). Comment contrôler ce qu'il contient alors que le débit du *Cycloscan* n'autorise que les sondages ?

[3] Règlement (UE) 2019/1157 du Parlement européen et du Conseil du 20 juin 2019 relatif au renforcement de la sécurité des cartes d'identité des citoyens de l'Union et des documents de séjour délivrés aux citoyens de l'Union et aux membres de leur famille exerçant leur droit à la libre circulation. Décret n°2019-452 du 13 mai 2019 autorisant la création d'un moyen d'identification électronique dénommé « Authentification en ligne certifiée sur mobile ».

La contrainte numérique est un nouveau mode d'investigations, parce que la cybercriminalité devient la « criminalité du XXIe siècle[1] ». Avec elle s'opère une transhumance dans le cyberespace d'un prédateur qui n'a jamais été aussi loin de son juge et aussi près de sa victime. De nouveaux comportements déviants se développent avec l'apparition de nouveaux usages. Mais la contrainte numérique ne porte pas seulement sur des faits commis dans l'immatériel. La criminalité classique appelle aussi de nouveaux modes d'action afin d'accentuer le glissement de l'aveu vers la preuve scientifique.

2. La recherche de la preuve, finalité de la contrainte numérique

La contrainte numérique régalienne s'exerce dans le cadre de la police judiciaire ou de la police administrative. Les techniques d'enquête ou de renseignement en sont les instruments juridiques. Plus elles sont contraignantes par leur caractère intrusif, plus elles font l'objet d'un encadrement et d'un contrôle de leur mise en œuvre.

2.1. Les techniques d'enquête ou de renseignement, instruments juridiques de la contrainte numérique

La recherche de la preuve numérique est un des principaux domaines d'application de la contrainte dans le cyberespace. Selon la Commission européenne, 85% des preuves sont numériques, y compris lorsque les infractions sont commises dans le monde réel. Les preuves de plus de la moitié des infractions sont stockées hors des frontières du pays d'origine des faits, en raison du développement de « l'informatique dans les nuages ». La contrainte visant à les appréhender est donc de plus en plus transfrontalière, comme en témoigne le *Cloud Act*, promulgué par Donald Trump, en mars 2018, qui se double d'une remise en cause de la souveraineté des États sur le territoire desquels la

---

[1] Thème du premier Forum international de la Cybersécurité (FIC) en 2007.

preuve est stockée[1]. L'Union européenne entend riposter par un règlement *e-evidence,* assorti d'injonctions de production et de conservation de données visant les hébergeurs[2]. Quelles que soient les critiques que l'on puisse adresser à l'administration américaine, il faut reconnaître que la lenteur de la coopération internationale n'est pas compatible avec l'exigence de célérité, liée notamment à la furtivité des données. Le Conseil de l'Europe est lui-même conscient de la nécessité de faire évoluer la Convention de Budapest, notamment son article 32[3].

Pour mettre en évidence ces preuves volatiles et souvent éphémères, la contrainte dans le cadre judiciaire prend généralement la forme de techniques d'enquête, qualifiées parfois de « spéciales », lorsqu'elles concernent des infractions d'une particulière gravité, relevant du terrorisme ou de la criminalité organisée. Elle est encadrée par le code de procédure pénale[4] et répond aux principes du contradictoire et de la transparence. La personne visée en prend connaissance *a posteriori*, au moment où elle a, avec son défenseur, accès au dossier.

Une étude « archéologique » du code de procédure pénale montre que la plupart des mesures de contrainte dans le cyberespace ont été imaginées après le 11 septembre 2001[5]. La dernière loi les concernant est la loi du 23 mars 2019 de programmation 2018-

---

[1] Le Cloud Act permet aux autorités américaines de s'affranchir des règles de coopération judiciaire internationale (*Mutual Legal Assistance Treaty* -MLAT) en exigeant des entreprises américaines la fourniture de toutes les données à caractère personnel qu'elles détiennent, y compris hors du territoire américain et sans considération de nationalité de la personne concernée.

[2] Des négociations EU-USA sont ouvertes depuis le 25 septembre 2019 afin d'éviter une « guerre transatlantique » des données.

[3] Convention du 23 novembre 2001 relative à la lutte contre la cybercriminalité. L'accès transfrontalier aux données, régi notamment par son article 32, était au cœur des échanges lors de la conférence Octopus, du Conseil de l'Europe, les 22-23 novembre 2019, à Strasbourg.

[4] Y compris pour les agents des douanes et des services fiscaux du service d'enquêtes judiciaires des finances créé en 2018.

[5] L'interception de correspondances par voie électronique a été clarifiée par la loi n° 91-646 du 10 juillet 1991 relative au secret des correspondances émises par la voie des communications électroniques.

2022 et de réforme pour la justice[1]. Cette loi réorganise les techniques spéciales d'enquête[2], celles considérées comme les plus intrusives et réservées aux infractions visées par les articles 706-73 et 706-73-1 du code de procédure pénale (terrorisme, criminalité et délinquance organisées). Il s'agit du recueil des correspondances électroniques stockées[3], du recueil des données de connexion et de l'interception de correspondances par voie électronique avec le recours à un *IMSI catcher*[4], de la sonorisation et de la fixation d'images[5] ou de la captation de données informatiques[6].

D'autres techniques peuvent être utilisées dans un cadre moins restrictif. Il en est ainsi de la mise au clair des données de chiffrement[7], de la géolocalisation en temps réel[8], de la réquisition de données[9], de l'interception de correspondance par voie électronique[10]. Dans tous ces cas, la contrainte pèse sur les données, sur les flux, sur les connexions, comme énoncé *supra*. La personne « cible » est atteinte dans son « moi numérique », sans qu'elle en ait conscience. L'enquête sous pseudonyme[11], généralisée à toute infraction punie d'une peine d'emprisonnement, est une contrainte subjective qui porte sur la crédulité, la confiance (si toutefois elle se mérite…).

---

[1] Loi n° 2019-222 du 23 mars 2019 de programmation 2018-2022 et de réforme pour la justice qui modifie les dispositions établies notamment par la loi n° 2016-731 du 3 juin 2016 renforçant la lutte contre le crime organisé, le terrorisme et leur financement, et améliorant l'efficacité et les garanties de la procédure pénale.

[2] Art. 796-95-11 à 706-95-20, art. 706-96 à 706-98, art. 706-102-1 à 706-102-5 du CPP.

[3] Accès aux mails stockés chez l'opérateur, art 706-91-1 et s. du CPP.

[4] Art. 706-95-20 CPP.

[5] Art. 706-93 CPP.

[6] Art. 706-102-1 CPP.

[7] Art. 230-1 CPP avec recours au centre technique d'assistances (CTA) pour le décryptage.

[8] Art. 230-32 CPP.

[9] Art. 60-1 et 60-2 CPP

[10] Art. 100 et s. CPP hors criminalité et délinquance organisées.

[11] Art. 230-46 du CPP.

2.2. L'encadrement de la contrainte par la dialectique sécurité/liberté

Les investigations numériques forment ainsi une sorte de « zone tampon » qui prépare la coercition plus classique dans le monde réel (arrestation, garde à vue…).
Elles constituent bien une contrainte dès lors qu'elles sont considérées comme attentatoires à une liberté. L'article préliminaire du code de procédure pénale dispose que « *les mesures de contraintes dont la personne suspectée ou poursuivie peut faire l'objet sont prises sur décision ou sous le contrôle effectif de l'autorité judiciaire. Elles doivent être strictement limitées aux nécessités de la procédure, proportionnées à la gravité de l'infraction reprochée et ne pas porter atteinte à la dignité de la personne* ». Il ajoute qu'« *au cours de la procédure pénale, les mesures portant atteinte à la vie privée d'une personne ne peuvent être prises, sur décision ou sous le contrôle effectif de l'autorité judiciaire, que si elles sont, au regard des circonstances de l'espèce, nécessaires à la manifestation de la vérité et proportionnées à la gravité de l'infraction*».
L'encadrement des mesures de contraintes dans l'espace numérique se mesure au travers de l'intervention quasi générale d'un juge « indépendant » (juge des libertés et de la détention ou juge d'instruction) et la sélection des unités et services autorisés à y recourir. Ainsi le recours à l'enquête sous pseudonyme est limité aux officiers ou agents de police judiciaire agissant au cours de l'enquête ou sur commission rogatoire, s'ils sont affectés dans un service spécialisé et spécialement habilités à cette fin, dans des conditions précisées par arrêté du ministre de la Justice et du ministre de l'Intérieur. La captation de données n'est autorisée qu'aux unités et services, dont la liste est précisée par l'article D.15-1-6 du code de procédure pénale. Ces conditions ou restrictions s'inscrivent bien dans la jurisprudence du Conseil constitutionnel. En 2004, à propos de la loi portant adaptation de la justice aux évolutions de la criminalité, une des premières à

instituer des techniques d'enquête numérique, les Sages ont considéré[1] « *qu'il résulte de l'ensemble de ces dispositions que, si le législateur peut prévoir des mesures d'investigation spéciales en vue de constater des crimes et délits d'une gravité et d'une complexité particulières, d'en rassembler les preuves et d'en rechercher les auteurs, c'est sous réserve que ces mesures soient conduites dans le respect des prérogatives de l'autorité judiciaire, gardienne de la liberté individuelle, et que les restrictions qu'elles apportent aux droits constitutionnellement garantis soient nécessaires à la manifestation de la vérité, proportionnées à la gravité et à la complexité des infractions commises et n'introduisent pas de discriminations injustifiées ; qu'il appartient à l'autorité judiciaire de veiller au respect de ces principes, rappelés à l'article préliminaire du code de procédure pénale, dans l'application des règles de procédure pénale spéciales instituées par la loi* ». C'est en reprenant ce même considérant que les Sages justifient l'inconstitutionnalité de certaines dispositions relatives aux techniques spéciales d'enquête prévues par la loi du 23 mars 2019[2]. Pour censurer, le Conseil juge que « *le législateur n'a pas opéré une conciliation équilibrée entre, d'un côté, l'objectif de recherche des auteurs d'infractions et, de l'autre, le droit au respect de la vie privée, le secret des correspondances et l'inviolabilité du domicile* »[3].

Identiques dans leur forme, mais différentes dans leur fondement juridique et leur finalité, les techniques de renseignement que la loi du 24 juillet 2015 relative au renseignement[4] légalise au profit des services de renseignement, constituent la contrainte numérique la plus intrusive, car la plus secrète. Les principes du « contradictoire » et du « transparent » sont par nature exclus, ce qui explique les difficultés rencontrées lorsqu'on désire judiciariser un renseignement obtenu par ces moyens. L'intervention

[1] Décision n° 2004-492 DC du 2 mars 2004. Cette jurisprudence ne porte pas seulement sur les techniques d'enquête numérique, mais elle s'y applique pleinement et est reprise régulièrement.
[2] Loi n° 2019-222 du 23 mars 2019 de programmation 2018-2022 et de réforme pour la justice.
[3] Décision n° 2019-778 DC du 21 mars 2019, considérants 165,191 et 195.
[4] Loi n° 2015-912 du 24 juillet 2015 relative au renseignement

d'une autorité administrative indépendante[1], le contrôle du juge administratif *a posteriori* offrent des garanties suffisantes aux yeux du Conseil constitutionnel. Paradoxalement, il aura fallu attendre la loi du 3 juin 2016 renforçant la lutte contre le crime organisé[2] pour que les OPJ et APJ voient leurs capacités d'investigation alignées sur celles des services de renseignement, alors que leur mise en œuvre s'opère « en temps réel » sous le contrôle du juge judiciaire. Cela témoigne du glissement vers la police administrative qui s'observe avec la montée du risque terroriste. Le code de procédure pénale s'aligne sur celui de la sécurité intérieure. Sans contester le rôle joué par le juge administratif au regard de la protection des libertés, cette « tectonique des plaques » soulève des interrogations.
Ce glissement est particulièrement net s'agissant des contraintes pouvant être imposées sur les contenus.

3. La contrainte sur les contenus numériques

Les communications électroniques, émissions, transmissions ou réceptions de signes, de signaux, d'écrits, d'images ou de sons, par voie électromagnétique[3], font l'objet d'un suivi de plus en plus approfondi, en raison du danger que représentent certains contenus, pour ce qu'ils représentent (pédopornographie), pour les messages qu'ils peuvent véhiculer (apologie, provocation, incitation), pour ce qu'ils permettent de faire (atteinte à la vie privée, diffamation, escroqueries, commerce illicite, etc.). Ils sont aussi une mine pour les services enquêteurs ou de renseignement, car le « dévoilement de soi » est plus fort que la prudence pour un certain nombre d'individus que se trahissent sur la Toile alors qu'ils agissent plus clandestinement dans le monde réel.

---

[1] La Commission nationale de contrôle des techniques de renseignement (CNCTR).

[2] Loi n° 2016-731 du 3 juin 2016 renforçant la lutte contre le crime organisé, le terrorisme et leur financement, et améliorant l'efficacité et les garanties de la procédure pénale

[3] Art.32 du code des postes et communications électroniques.

3.1. Les contenus : objets de la contrainte

Depuis la création du web, dès le début des années quatre-vingt-dix, mais surtout avec le développement des réseaux sociaux, accéléré par la démocratisation des outils de mobilité (tablettes, téléphones portables, etc.), la « couche cognitive » du cyberespace est en plein essor, pour le meilleur comme pour le pire. Cette couche est porteuse de sens, de faux-sens, de contresens, de non-sens. Elle s'étend et se densifie en raison de l'explosion du nombre d'internautes (5 milliards au milieu de la prochaine décennie) et de la viralité des messages véhiculés grâce au mécanisme démultiplicateur de la retransmission à tous les « suiveurs ».

La première démarche consiste à rechercher les auteurs de contenus illicites en choisissant la voie pénale. Elle est relativement simple lorsque l'auteur réside sur le territoire national, car l'anonymat est rarement absolu[1].

La seconde option a pour objectif de faire cesser la diffusion d'un contenu. Elle peut être le résultat d'une action judiciaire. Ainsi, selon le paragraphe 8 du I de l'article 6 de la loi pour la confiance dans l'économie numérique, l'autorité judiciaire peut prescrire en référé ou sur requête, aux hébergeurs ou à défaut, aux fournisseurs d'accès, toutes mesures propres à prévenir un dommage ou à faire cesser un dommage occasionné par le contenu d'un service de communication au public en ligne. L'expérience montre que la voie judiciaire est loin de résoudre les difficultés, car le temps de la justice n'est pas celui d'internet.

Là encore, le glissement vers la police administrative est une tendance qui s'observe dans la lutte contre les contenus illicites. Avec cette approche, la contrainte pèse d'abord sur les éditeurs (ceux qui contribuent au contenu, notamment par leur pouvoir de modération ou de réformation), les hébergeurs, les fournisseurs d'accès et les moteurs de recherche, plateformes définies par l'article L.111-7 du code de la consommation et dont la

---

[1] Un compte peut le plus souvent être associé à une adresse IP qui permet directement ou indirectement de remonter vers l'auteur.

responsabilité civile et pénale est fixée par la LCEN[1], en application de la directive e-commerce du 8 juin 2000.

Depuis la loi du 13 novembre 2014 relative au terrorisme[2] qui a créé l'article 6-1 de la LCEN, l'autorité administrative peut agir sur les hébergeurs pour les contraindre à retirer un contenu illicite, à condition que celui-ci concerne la pédopornographie ou l'apologie du terrorisme et sa provocation. Seuls ces motifs peuvent être évoqués, comme le souligne la juridiction administrative[3]. Le ministère de l'Intérieur[4], sous le contrôle d'une autorité désignée au sein de la CNIL, se heurte souvent à une difficulté si l'hébergeur est à l'étranger et refuse de coopérer. Il peut, dans ce cas, demander aux fournisseurs d'accès (FAI) le blocage de l'accès aux sites incriminés pour toutes les adresses IP rattachées au territoire national et/ou exiger des moteurs de recherche qu'ils déréférencent le document incriminé, c'est-à-dire suppriment tout lien apparaissant lors de la requête sur le nom du site.

Quelle que soit la voie choisie, les intermédiaires subissent une contrainte de la part des autorités qui aura des effets contraignants sur l'internaute, heureusement « privé » d'accès aux sites

---

[1] La loi n° 2004-575 du 21 juin 2004, pour la confiance dans l'économie numérique (LCEN) définit le régime de responsabilité :
FAI (Art. 6-I-1), personnes dont l'activité est d'offrir un accès à des services de communication au public en ligne. Pas d'obligation générale de surveillance ou de recherche des infractions.
Hébergeurs (Art. 6-I-2), personnes physiques ou morales qui assurent, même à titre gratuit, pour mise à disposition du public par des services de communication au public en ligne, le stockage des signaux, d'écrits, d'images de toute nature. Responsabilité civile ou pénale engagée s'ils avaient connaissance d'un contenu illicite et n'ont pas agi.
Editeurs (Art. 6-III-1°) responsables des contenus mis en ligne. Ont un pouvoir sur les auteurs et les contenus.

[2] Loi n° 2014-1353 du 13 novembre 2014 renforçant les dispositions relatives à la lutte contre le terrorisme.

[3] La procédure prévue l'article 6-1 de la LCEN, prévue par pour des infractions de provocation directe ou d'apologie d'actes de terrorisme, définies par l'article 421-2-5 du Code pénal, ne peut être mise en œuvre dès lors que les faits ne peuvent être qualifiés d'infractions terroristes au sens de l'article 421-1 du Code pénal. Tribunal administratif de Cergy-Pontoise (N° 1801344, 1801346, 1801348, 1801352) du 4 février 2019.

[4] L'Office central de lutte contre les infractions liées aux technologies de la communication (OCLCTIC).

les plus abjects. Cela illustre bien la fonction d'interface évoquée *supra* s'agissant de l'exercice de la contrainte numérique.
Le contrôle des contenus semble prendre un nouveau tour avec un projet de règlement européen visant à « forcer les sites Internet, comme Facebook, Twitter ou YouTube, à effacer les contenus illégaux faisant l'apologie du terrorisme et de la violence ». Après un signalement, les plateformes auraient une heure pour effacer ce contenu, sous peine de sanctions financières. Sans attendre la promulgation d'un texte retardée par les élections européennes, la proposition de loi française – en cours d'examen - visant à lutter contre la haine sur internet, se montre plus exigeante à l'égard des plateformes. Ses détracteurs soulignent que la loi aurait pour effet de transférer aux opérateurs de plateformes une responsabilité qui n'est pas aujourd'hui prévue à l'échelle européenne[1]. De peur d'encourir des sanctions pénales, la tentation serait grande de supprimer trop de contenus, par excès de prudence, en s'appuyant sur des algorithmes prompts à la censure de contenus pourtant licites. Les réseaux sociaux sont conscients de la pression croissante des pouvoirs publics nationaux et européens. En mai 2016, l'Union européenne a établi un code de bonne conduite avec Facebook, Twitter, Youtube et Microsoft pour empêcher la propagation de discours haineux illégaux en ligne. Facebook, Twitter, Youtube et Microsoft se sont unis au sein du *Global Internet Forum to Counter Terrorism* (GIFCT) pour détecter les contenus terroristes. Qui est le juge des contenus ? Faute de disposer des moyens humains et techniques nécessaires, les États ne sont-ils pas contraints à transférer la contrainte numérique sur les contenus vers des acteurs privés ? La privatisation de la contrainte est déjà une réalité dans le monde réel ; elle pourrait aussi concerner le cyberespace.

---

[1] Elle a fait l'objet d'une émission d'observations très critique de la part de la Commission européenne (notification 2019/412/F C(2019) 8585 final du 22 novembre 2019.

3.2. Les contenus numériques, matière première de la contrainte

Les contenus offrent une mine inépuisable d'informations utiles aux services enquêteurs et de renseignement. Les « mégadonnées » (*Big Data*) permettent aujourd'hui une exploitation en temps réel de milliards d'informations qui, corrélées, permettent d'analyser, de comprendre, voire d'anticiper (analyse « prédictive ») les comportements, notamment criminels. Une telle action était impossible, récemment encore, eu égard aux limites du traitement humain. Peut-on parler de contrainte dans ce cas ? Assurément, si l'on considère que les contenus avaient initialement un « destin séparé » et que l'opération les « coagule » pour en extraire, à l'insu de leurs créateurs, les informations utiles aux services enquêteurs.

Un exemple est fourni par la loi de finances pour 2020. Son article 154 permet à l'administration fiscale et à l'administration des douanes et des droits indirects de collecter et d'exploiter au moyen de traitements informatisés les contenus « librement accessibles », publiés sur internet par les utilisateurs des opérateurs de plateformes en ligne relevant de l'article L.111-7-I-2° du code de la consommation. Ces plateformes permettent la mise en relation en vue de la vente, de la fourniture, de l'échange ou du partage d'un bien ou d'un service (« places de marché »), mais aussi le partage de contenus (« réseaux sociaux »). Cette disposition est autorisée à titre expérimental pour une durée de trois ans. L'objectif poursuivi est de rechercher par ce moyen les infractions fiscales et douanières les plus graves. Le législateur permet un « changement d'échelle significatif dans le cadre des prérogatives confiées à ces administrations pour l'exercice de leurs missions », comme le souligne la CNIL, saisie pour avis[1], qui considère que ce type de traitement est d'un « genre nouveau » par rapport aux cas qu'elle a eu à traiter auparavant.

Les traitements en cause peuvent être mis en œuvre pour la recherche de certains manquements et d'infractions dont la

[1] Délibération CNIL n°2019-114 du 12 septembre 2019.

commission est rendue possible ou favorisée par l'usage d'internet[1]. Peuvent être ainsi concernés le défaut ou le retard de production d'une déclaration fiscale en cas de découverte d'une activité occulte et de la fabrication, de la détention, de la vente ou du transport illicites de tabac, des pratiques frauduleuses en matière d'alcool, de tabac et de métaux précieux, de contrefaçon et des délits douaniers sanctionnant la contrebande, l'importation et l'exportation de marchandises non déclarées, ainsi que le blanchiment de produits financiers provenant d'un délit douanier ou d'une infraction à la législation sur les stupéfiants. D'autres cas sont envisagés qui ne sont pas « rendus possibles ou favorisés » par l'usage d'internet, mais constituent un des cas les plus graves de soustraction à l'impôt, telle l'insuffisance de déclaration mentionnée à l'article 1729 du code général des impôts découlant d'un manquement aux règles de domiciliation fiscale fixées à l'article 4 B. Comme le souligne le gouvernement, l'article 154 permet à l'administration de collecter et d'exploiter des données publiées par des internautes qui révéleraient une pratique de fraude fiscale réalisée exclusivement dans le monde physique, par exemple dans le cas où son auteur en ferait simplement état publiquement sur un réseau social.

Pour le Conseil constitutionnel[2], l'examen des dispositions du texte met en évidence leur caractère attentatoire à la vie privée, dès lors qu'il s'agit de « collecter de façon indifférenciée d'importants volumes de données, relatives à un grand nombre de personnes, publiées sur des services de communication au public en ligne et, d'autre part, d'exploiter ces données, en les agrégeant et en opérant des recoupements et des corrélations entre elles ». L'atteinte à la vie privée est effective, même s'il s'agit de données manifestement rendues publiques par les personnes qu'elles concernent, librement accessibles par les utilisateurs des sites[3].

---

[1] Les traitements doivent être mis en œuvre par des agents des administrations fiscale et douanière ayant au moins le grade de contrôleur, spécialement habilités et tenus au secret professionnel.

[2] Décision n° 2019-796 DC du 27 décembre 2019.

[3] La collecte ne peut concerner des sites dont l'accès est restreint par la saisie d'un mot de passe ou l'inscription sur le site en cause. Elle ne peut porter que sur les données mises en ligne par la personne concernée et exclut les données

L'atteinte à l'exercice de la liberté d'expression et de communication est également constituée, dans la mesure où les mesures envisagées sont « susceptibles de dissuader d'utiliser de tels services ou de conduire à en limiter l'utilisation ». Mais les Sages rappellent que la lutte contre la fraude et l'évasion fiscales est un objectif de valeur constitutionnelle[1] qui doit toutefois être concilié avec le droit au respect de la vie privée. Conformément à sa jurisprudence, les atteintes portées à la liberté d'expression et de communication doivent être nécessaires, adaptées et proportionnées à l'objectif poursuivi. Considérant que le législateur a apporté les garanties nécessaires, l'article est validé[2].

La contrainte dans ou par l'espace numérique est sans aucun doute la manifestation contemporaine de la contrainte légitime. Les délinquants en ont pris conscience en cherchant par tous les moyens à y échapper. L'usage des techniques d'anonymisation, tel le recours à un réseau privé virtuel (VPN), à des logiciels (TOR, I2P, Freenet) ou à un chiffrement de « bout en bout », vient contrarier l'action des pouvoirs publics qui cherchent, par l'intelligence artificielle notamment, à prendre le dessus dans un duel « canon-cuirasse » d'un nouveau genre. Devenir « l'Homme invisible » sur le net est un moyen d'échapper à la contrainte, ce qui n'est guère possible dans le monde réel, sauf dans la fiction[3]. Parce que les *darknets* hébergent de plus en plus d'offres illicites ou constituent un moyen de communication pour les terroristes ou la criminalité organisée, la lutte contre les nouveaux marchés du crime va nécessiter des investigations sans cesse plus intrusives, plus contraignantes. Dès lors la question quitte le seul champ du droit pour rejoindre celui de la politique, au sens le plus élevé du terme. Sous la pression de l'insécurité, une société doit-elle renoncer au risque en réclamant une sécurité sans faille ?
« Un peuple prêt à sacrifier un peu de liberté pour un peu de sécurité ne mérite ni l'une ni l'autre, et finit par perdre les

---

dites « sensibles [3]» énoncées à l'article 9 du RGPD (art. 6 de la loi du 6 janvier 1978 relative à l'informatique, aux fichiers et aux libertés).

[1] Décision n° 99-424 DC du 29 décembre 1999, cons. 52 ; décision n° 2001-457 DC du 27 décembre 2001, cons. 6.

[2] À l'exception d'une inconstitutionnalité à la marge.

[3] H.G. Wells Invisible Man, 1897.

deux », affirmait Benjamin Franklin. Jamais sans doute le choix de société n'aura été posé en des termes aussi existentiels. Si les mesures de contrainte dans le monde réel peuvent évoluer et être réversibles, il n'y a pas d'atténuation possible ni de retour en arrière dans l'espace numérique. Il faut donc faire un choix entre la « liberté surveillée », à la manière des États-Unis, la « surveillance sécurisée », selon le modèle chinois, et la « liberté sécurisée », c'est-à-dire une sécurité toujours au service de la liberté, même s'il faut parfois en payer le prix.

IX. Contrainte préventive et ordre public

Christian Vallar
Professeur agrégé de droit public
Université Côte d'Azur
Doyen honoraire de la Faculté de droit et science politique
Directeur du CERDACFF
Avocat au Barreau de Nice

La sécurité est une demande exigeante des citoyens, aussi bien pour la délinquance dite ordinaire que pour la menace terroriste. La dimension répressive est certes indispensable, et elle revêt aussi un aspect dissuasif, mais le volet préventif est tout aussi déterminant. Cela recouvre la distinction entre la police administrative et la police judiciaire[1], parfois brouillée par le fait que les mêmes forces de sécurité sont en charge des deux polices (police nationale, gendarmerie, polices municipales).
L'ordre public est classiquement défini par l'article L. 2212-2 CGCT comme *« bon ordre, sécurité, sûreté et salubrité publiques »*[2]. Ce qui nous intéresse ici est l'ordre public en tant que corpus de règles visant à la préservation de l'intégrité des biens et des personnes face aux menaces, surtout de nature malveillante. Il s'agit d'un objectif de valeur constitutionnelle, qui doit se concilier avec les droits des citoyens.
Car inévitablement la contrainte se situe au cœur de celui-ci, le régalien s'exprime pleinement… Un arsenal complet se déploie : interdiction administrative, assignation à résidence, perquisitions, périmètres de protection…, attentatoire par nature aux libertés des citoyens, mais justifié par l'ordre public sous le contrôle exigeant du juge, administratif certes, mais aussi judiciaire et bien sûr constitutionnel.
Ces contraintes pèsent sur les libertés d'aller et de venir et d'expression (1), mais aussi sur l'inviolabilité du domicile et le respect de la vie privée (2).

---

[1] J. MOREAU, « Police administrative et police judiciaire », *AJDA* 1968, p. 68.
[2] J.M. PONTIER, « Police et sécurité », in N. Dantonel-Cor (dir.), *Les politiques publiques locales de sécurité intérieure*, L'Harmattan 2015, p. 29.

1. Les contraintes sur les libertés d'aller et de venir et d'expression

Les interdictions administratives ne sont porteuses que de contraintes limitées (1.1), alors que les assignations à résidence le sont de contraintes renforcées (1.2), les périmètres de protection constituant une mesure définie (1.3).

1.1. Les interdictions administratives : des contraintes limitées

Elles sont formées de trois types de règles : l'interdiction de stade, l'interdiction de circulation et de séjour dans l'état d'urgence, les mesures individuelles de contrôle et la lutte contre le terrorisme, l'interdiction de manifester ayant été censurée.

1.1.1 L'interdiction de stade : l'ordre public sportif

À la différence de la peine d'interdiction de stade créée par la loi du 6 décembre 1993, l'interdiction administrative fondée sur l'article L. 332-16 du code du sport est une mesure de police administrative, non une sanction pénale. Une personne peut être interdite administrativement de stade même si elle n'a jamais été condamnée par la justice. Prononcée à titre préventif, cette mesure a pour but de prévenir des troubles à l'ordre public en interdisant aux personnes visées par l'arrêté préfectoral de se rendre aux manifestations sportives. Le représentant de l'État dans le département (le préfet de police à Paris) peut, par arrêté motivé, prononcer à l'encontre d'une personne une mesure d'interdiction de pénétrer ou de se rendre aux abords des enceintes dans lesquelles des manifestations sportives se déroulent ou sont retransmises en public, lorsque cette personne constitue une menace pour l'ordre public :
- par son comportement d'ensemble à l'occasion de manifestations sportives,

- par la commission d'un acte grave (tel qu'un acte de violence ou un acte raciste) à l'occasion de l'une de ces manifestations,
- ou encore du fait de son appartenance à une association ou à un groupement dissous ou suspendu, ou du fait de participer au maintien ou à la reconstitution d'un tel groupement.

À la condition d'être suffisamment grave, un fait unique et isolé (tel que la possession de fumigènes à l'entrée d'un stade) peut être révélateur d'un comportement constitutif d'une menace à l'ordre public.

L'arrêté est pris sans audition de la personne et donc sans débat contradictoire. Il lui est ensuite notifié. Valable sur tout le territoire, l'arrêté doit :
- préciser les motifs de l'interdiction,
- fixer le type de manifestations sportives concernées,
- fixer la durée de l'interdiction. Celle-ci ne peut excéder 12 mois, durée qui peut être portée à 24 mois si la personne a fait l'objet d'une mesure d'interdiction dans les trois années précédentes.

L'arrêté d'interdiction peut également obliger la personne faisant l'objet de cette mesure à répondre, au moment des manifestations sportives objets de l'interdiction, aux convocations d'une autorité de police ou de gendarmerie, obligation qui peut également s'appliquer lors de matchs se déroulant à l'étranger.
Cette obligation répond à la nécessité de sauvegarde de l'ordre public (CE, 13 juillet 2010, n° 340302).
Le fait pour une personne de ne pas se conformer à l'arrêté d'interdiction et à l'obligation de pointage dont il peut être assorti est puni d'un an d'emprisonnement et de 3750 euros d'amende.

Comme pour l'interdiction judiciaire, le préfet a l'obligation de communiquer aux associations et sociétés sportives ainsi qu'aux fédérations sportives agréées l'identité des personnes faisant l'objet d'une interdiction administrative de stade. Les données transmises sont regroupées dans un fichier et peuvent être conservées cinq ans.
Les articles L. 332-16-1 et L. 332-16-2 du Code du sport permettent d'interdire le déplacement individuel ou collectif de

supporters d'une équipe ou se comportant comme tel, dont la présence est susceptible d'occasionner des troubles graves pour l'ordre public. Pour autant, cette interdiction de stade ne peut être fondée exclusivement sur l'appartenance à une association sans tenir compte du comportement des supporters[1].

1.1.2. L'interdiction de circulation et de séjour et l'état d'urgence

Dès la proclamation de l'état d'urgence, le préfet peut interdire la circulation des personnes ou des véhicules dans les lieux et aux heures déterminés (L. du 3 avr. 1955, art. 5, 1°). Il a été fait application de ce couvre-feu à l'automne 2005, ainsi qu'à compter de novembre 2015.
Le préfet peut également interdire le séjour dans tout ou partie du département à toute personne à l'égard de laquelle il existe des raisons sérieuses de penser que son comportement constitue une menace pour la sécurité et l'ordre publics. L'arrêté d'interdiction de séjour doit préciser sa durée, les circonstances précises de fait et de lieu qui la motive, ainsi que le territoire sur lequel elle s'applique sous réserve que le domicile de la personne concernée n'y figure pas. La mesure doit tenir compte de la vie familiale et professionnelle des personnes susceptibles d'être concernées. Les arrêtés d'interdiction de séjour sont soumis au droit commun du contentieux administratif : recours pour excès de pouvoir, référé-liberté ou référé-suspension (L. du 3 avril 1955, art. 5, 3°).

1.1.3 Les mesures individuelles de contrôle et la lutte contre le terrorisme

Des mesures individuelles de contrôle administratif et de surveillance ont été rendues possibles par la loi n° 2017-1510 du 30 octobre 2017 renforçant la sécurité intérieure et la lutte contre le terrorisme (JO 31 oct., *avec échéance au 31 décembre 2020), « aux seules fins de prévenir la commission d'actes de terrorisme »* (CSI, art. L. 228-1, al. 1er).

---

[1] CE, ord. ref., 8 novembre 2013, *Olympique lyonnais*, n° 373129, AJDA 2013, 2472.

*« Toute personne à l'égard de laquelle il existe des raisons sérieuses de penser que son comportement constitue une menace d'une particulière gravité pour la sécurité et l'ordre publics et qui soit entre en relation de manière habituelle avec des personnes ou des organisations incitant, facilitant ou participant à des actes de terrorisme, soit soutient, diffuse, lorsque cette diffusion s'accompagne d'une manifestation d'adhésion à l'idéologie exprimée, ou adhère à des thèses incitant à la commission d'actes de terrorisme ou faisant l'apologie de tels actes... » (*CSI, art. L. 228-1, al. 1°) est susceptible de se voir imposer par le ministre de l'Intérieur ces mesures.

Le contrôle des déplacements en fait partie. Le ministre de l'Intérieur peut, après en avoir informé le procureur de la République de Paris et le procureur de la République territorialement compétent, faire obligation à toute personne mentionnée à l'article L. 228-1 de : 1°Déclarer son domicile et tout changement de domicile ; 2° Signaler ses déplacements à l'extérieur d'un périmètre déterminé ne pouvant être plus restreint que le territoire de la commune de son domicile ; 3° Ne pas paraître dans un lieu déterminé, qui ne peut inclure le domicile de la personne intéressée. Cette obligation tient compte de la vie familiale et professionnelle de la personne intéressée (CSI, art. L. 228-4, al. 1er à 4). Il s'agit d'un dispositif moins contraignant que celui proposé, à titre principal, par les articles L. 228-2 et L. 228-3, la personne n'étant pas à proprement parler assignée à résidence, et donc conservant une certaine liberté d'aller et de venir, mais sous réserve de respecter certaines obligations destinées à contrôler ses déplacements, voire à vérifier qu'elle ne se rend pas en des lieux qui lui sont interdits.

Les obligations sont prononcées pour une durée maximale de six mois à compter de la notification de la décision du ministre. Elles peuvent être renouvelées par décision motivée, pour une durée maximale de six mois, lorsque les conditions prévues à l'article L. 228-1 continuent d'être réunies. Au-delà d'une durée cumulée de six mois, le renouvellement est subordonné à l'existence d'éléments nouveaux ou complémentaires.

1.1.4. La censure de l'interdiction de manifester

La loi n° 2019-290 du 10 avril 2019 visant à renforcer et garantir le maintien de l'ordre public lors des manifestations[1] instaurait une interdiction administrative individuelle de manifester. Elle visait à permettre à l'autorité administrative, par un arrêté motivé, de prononcer à l'encontre d'une personne constituant une menace d'une particulière gravité pour l'ordre public, une interdiction de participer à une manifestation sur la voie publique.
Le Conseil constitutionnel a censuré cette disposition en tant que violant la liberté de manifester, issue du droit d'expression collective des pensées et des opinions formulé à l'article 11 de la Déclaration des droits de l'homme et du citoyen (CC, 4 avril 2019, n° 2019-780 DC).
Elle conférait à l'administration le pouvoir de priver une personne de son droit d'expression collective des idées et des opinions en édictant des interdictions administratives individuelles de manifester, ce qui, compte tenu *« de la portée de l'interdiction contestée »*, *« des motifs susceptibles de la justifier »* et *« des conditions de sa contestation »,* porte au droit d'expression collective des idées et des opinions *« une atteinte qui n'est pas adaptée, nécessaire et proportionnée »*[2].
Ces contraintes sont d'une portée limitée en comparaison de celles résultant des assignations à résidence.

1.2. Les assignations à résidence : des contraintes renforcées

Issues de l'état d'urgence, les assignations à résidence, lourdes de conséquences pour les intéressés, sont reprises par la législation antiterroriste.

1.2.1. La matrice de l'état d'urgence

Le ministre de l'Intérieur peut prononcer l'assignation à résidence dans le lieu qu'il fixe de toute personne dont l'activité

---

[1] R. LETTERON, « Les débris de la loi 'anti-casseurs' », *AJ pénal* 2019, p. 259.
[2] O. LE BOT, « Loi anti-casseurs : censure des interdictions administratives de manifester », *Constitutions* 2019, p. 241.

s'avère dangereuse pour la sécurité et l'ordre publics (L. du 3 avr. 1955, art. 6). L'assignation à résidence doit permettre à ceux qui en sont l'objet de résider dans une agglomération ou à proximité immédiate d'une agglomération. En aucun cas l'assignation à résidence ne pourra avoir pour effet la création de camps où seraient détenues ces personnes. Le ministre doit veiller à prendre toutes dispositions pour assurer la subsistance des personnes astreintes à résidence, ainsi que celle de leur famille.

Il peut astreindre l'assigné à demeurer dans les lieux pendant une plage horaire qu'il fixe dans une limite de 12 heures par 24 heures et également exiger qu'il se présente périodiquement aux services de police ou aux unités de gendarmerie selon une fréquence qu'il détermine dans la limite de trois représentations par jour y compris les dimanches, jours fériés et chômés. L'assigné à résidence doit remettre son passeport ou tout autre document justificatif de son identité et ne doit pas entrer en relation avec les personnes désignées par le ministre lorsqu'il existe de sérieuses raisons de penser que leur comportement constitue une menace pour la sécurité et l'ordre publics.

La décision d'assignation à résidence doit être renouvelée à l'issue d'une période de prorogation de l'état d'urgence pour continuer de produire ses effets, ce qui signifie que la fin de l'état d'urgence emporte fin de l'assignation à résidence et qu'une même personne ne peut être assignée à résidence pour une durée totale équivalant à plus de douze mois. Il n'en demeure pas moins que le ministre de l'Intérieur peut prolonger au-delà de 12 mois l'assignation à résidence, mais au seul motif que le comportement de la personne en cause constitue une menace d'une particulière gravité pour la sécurité et l'ordre publics et qu'il produise des éléments nouveaux et complémentaires. Le juge administratif en est le garant [1].

Néanmoins le juge judiciaire est amené à intervenir lorsqu'il statue sur l'exception d'illégalité de l'arrêté d'assignation à résidence, et ce sur le fondement de l'article 111-5 du Code pénal. Il lui appartient de solliciter du ministère public à qui incombe la charge de la preuve d'obtenir de l'autorité administrative les éléments factuels sur lesquels elle s'est fondée pour

[1] CE, 25 avril 2017, *M.B.* n° 409677, AJDA 2017, 840.

apprécier qu'il existât des raisons sérieuses de penser que leur comportement constituait une menace pour la sécurité et l'ordre publics[1].

1.2.2. La diffusion dans la législation antiterroriste

La circulaire du 16 novembre 2017 de présentation des dispositions de la loi du 30 octobre 2017(NOR : JUSD173221BC) prétend que les mesures individuelles de contrôle et de surveillance sont différentes des assignations à résidence. Certes les personnes concernées ne sont pas tenues de demeurer à domicile, mais leur liberté d'aller et de venir est fortement contrainte.
« Le ministre de l'Intérieur peut, après en avoir informé le procureur de la République de Paris et le procureur de la République territorialement compétent, faire obligation à la personne mentionnée à l'article L. 228-1 de : 1° Ne pas se déplacer à l'extérieur d'un périmètre géographique déterminé, qui ne peut être inférieur au territoire de la commune. La délimitation de ce périmètre permet à l'intéressé de poursuivre une vie familiale et professionnelle et s'étend, le cas échéant, aux territoires d'autres communes ou d'autres départements que ceux de son lieu habituel de résidence ; 2° Se présenter périodiquement aux services de police ou aux unités de gendarmerie, dans la limite d'une fois par jour, en précisant si cette obligation s'applique les dimanches et jours fériés ou chômés ; 3° Déclarer son lieu d'habitation et tout changement de lieu d'habitation » (CSI, art. L. 228-2, al. 1er à 4).
Les obligations sont prononcées pour une durée maximale de trois mois à compter de la notification de la décision du ministre. Elles peuvent être renouvelées par décision motivée, pour une durée maximale de trois mois, lorsque les conditions prévues à l'article L. 228-1 continuent d'être réunies. Au-delà d'une durée cumulée de six mois, chaque renouvellement est subordonné à l'existence d'éléments nouveaux ou complémentaires. La durée totale cumulée des obligations ne peut excéder douze mois. Les

---

[1] F. CORDIER, « L'exception d'illégalité d'un arrêté d'assignation à résidence pris par le ministre de l'Intérieur dans le cadre de l'état d'urgence », Crim. 3 mai 2017, n° 16-86.155, *RSC* 2017, p. 337.

mesures sont levées dès que les conditions prévues à l'article L. 228-1 ne sont plus satisfaites (CSI, art. L. 228-2, al. 5). Le juge administratif est compétent pour toute saisine en référé et en annulation (CSI, art. L. 228-2, al. 7).
Les périmètres de protection sont des mesures définies moins contraignantes.

1.3. Les périmètres de protection : une mesure définie

Au sein de l'état d'urgence, le préfet pouvait instituer des zones de protection ou de sécurité dans lesquelles le séjour des personnes était réglementé (L. du 3 avr. 1955, art. 5, 2°). Le Conseil constitutionnel a déclaré inconstitutionnelle cette disposition avec effet immédiat au motif qu'elle n'est assortie d'aucune précision quant à son institution et aux mesures susceptibles d'être prises dans le cadre de sa mise en œuvre[1]. Aucun texte n'étant revenu sur cette disposition, l'abrogation est acquise.
En revanche ces zones ont inspiré les périmètres de protection de la loi du 30 octobre 2017, objet du nouvel article L. 226-1 CSI.
Le nouvel article L. 226-1 du code de la sécurité intérieure créé par l'article 1er de la loi, permet au représentant de l'État dans le département ou, à Paris, au préfet de police, d'instituer par arrêté des périmètres de protection au sein desquels l'accès et la circulation des personnes sont réglementés afin d'assurer la sécurité d'un lieu ou d'un événement exposé à un risque d'actes de terrorisme à raison de sa nature et de l'ampleur de sa fréquentation.
La durée et l'étendue du périmètre de protection doivent être adaptées et proportionnées. La durée de validité de l'arrêté préfectoral instaurant un périmètre de protection ne peut excéder un mois. Il peut être renouvelé au-delà de ce délai si les conditions prévues sont toujours réunies.
L'arrêté est transmis sans délai au procureur de la République pour son information, ainsi qu'au maire de la commune concernée.

---

[1] Cons. constit., 11 janvier 2018, n° 2017-684 QPC, *D.A.* 2018. Comm. 27, note G. Eveillard.

L'arrêté prévoit les règles d'accès et de circulation des personnes dans le périmètre en les adaptant aux impératifs de leur vie privée, professionnelle et familiale.

L'accès ou le maintien au sein du périmètre de protection peut être subordonné à la mise en œuvre de contrôles qui ne peuvent être exercés sans le consentement de la personne concernée. Il peut ainsi être procédé, avec le consentement des personnes faisant l'objet de ces vérifications, à des palpations de sécurité, à l'inspection visuelle et à la fouille des bagages et à la visite des véhicules. Les personnes refusant de s'y soumettre se voient interdire l'accès au périmètre ou sont reconduites d'office à l'extérieur de celui-ci.

L'ensemble de ces contrôles peuvent être mis en œuvre par les officiers de police judiciaire, les agents de police judiciaire et les agents de police judiciaire adjoints. Par ailleurs, sous l'autorité d'un officier de police judiciaire, les agents de police municipale et les agents privés effectuant une mission de surveillance et de gardiennage peuvent procéder aux palpations de sécurité et à l'inspection visuelle et à la fouille des bagages, sans pouvoir procéder aux visites des véhicules. Ces derniers ne peuvent pas non plus reconduire une personne refusant de se soumettre aux mesures de contrôle à l'extérieur du périmètre.

Ces dispositions relatives au périmètre de protection n'ont pas de finalité répressive. Elles ne modifient pas les règles relatives aux contrôles d'identité, qui demeurent régis par le code de procédure pénale, avec lesquels elles peuvent se conjuguer.

Un contrôle parlementaire est instauré : l'Assemblée nationale et le Sénat sont informés sans délai des mesures prises par les autorités administratives au titre du dispositif en cause, tout comme leur sont transmis sans délai copie de tous les actes concernés. Les deux assemblées peuvent requérir toute information complémentaire dans le cadre du contrôle et de l'évaluation de ces mesures (CSI, art. L. 22-10-1, al. 1er). Le Gouvernement adresse chaque année au Parlement un rapport détaillé sur l'application desdites mesures (CSI, art. L. 22-10-1, al. 2).

Les modalités précises de mise en œuvre et les garanties apportées aux citoyens réduisent la contrainte qu'ils subissent.

2. Les contraintes sur l'inviolabilité du domicile et le respect de la vie privée

Le domicile est en question avec les perquisitions et visites (2.1), les saisies questionnent la vie privée (2.2), alors que palpations de sécurité et autres mesures ont fait l'objet de la légalisation antiterroriste (2.3).

2.1. Les perquisitions et les visites : le domicile en question

La perquisition administrative relève de l'état d'urgence, alors que la visite domiciliaire est encadrée par la législation antiterroriste.

2.1.1. La perquisition administrative et l'état d'urgence

L'article 11-I de la loi de 1955 prévoit la possibilité pour le ministre de l'Intérieur ou le préfet dans les zones définies par le décret instituant l'état d'urgence d'ordonner des perquisitions, sous réserve que ce même décret l'ait expressément prévu.
Elles ne peuvent être ordonnées qu'entre 21 heures et 6 heures *« sauf motivation spéciale de la décision de perquisition fondée sur l'urgence ou les nécessités de l'opération »*.
La perquisition doit être réalisée en la présence d'un officier de police judiciaire et le procureur de la République en est informé. Comme elle est menée dans un lieu fréquenté par une personne dont le comportement constitue une menace pour la sécurité et l'ordre publics, la perquisition révèle une nature préventive. La loi du 21 juillet 2016 a ajouté la possibilité de procéder à la perquisition d'un autre lieu lorsqu'il ressort de la perquisition initialement organisée que ce nouveau lieu est également fréquenté par la personne dont le comportement constitue une menace. Cette seconde perquisition est régularisée dans les meilleurs délais.
Les personnes présentes sur les lieux peuvent être retenues sur place le temps de la perquisition, si leur comportement constitue une menace pour l'ordre et la sécurité publics, le procureur de la République en étant informé de suite.

Le juge administratif s'assure que la mesure est motivée, adaptée, nécessaire et proportionnée à la finalité poursuivie[1]. Le juge judiciaire, compétent pour apprécier la légalité de l'arrêté préfectoral de perquisition s'il débouche sur une procédure judiciaire incidente (art. L. 111-5 code pénal), doit en cas d'insuffisance de motivation solliciter le ministère public afin d'obtenir du préfet les éléments factuels ayant fondé la décision[2]. Le Conseil constitutionnel considère qu'il n'y a pas de conciliation déséquilibrée entre le principe d'inviolabilité du domicile (art. 2 DDHC) et l'objectif de valeur constitutionnelle de sauvegarde de l'ordre public[3].
Plus de 3000 perquisitions se sont déroulées entre le 14 novembre 2015 et le 3 février 2016.

2.1.2. La visite domiciliaire antiterroriste et l'intervention du juge judiciaire

Empruntée indéniablement à l'état d'urgence, la « visite » de la loi du 30 octobre 2017 a pour originalité le rôle clé joué par le juge des libertés et de la détention (JLD). Ladite visite a pour seule finalité de prévenir la commission d'actes de terrorisme et lorsqu'il existe des raisons sérieuses de penser qu'un lieu est fréquenté par une personne dont le comportement constitue une menace d'une particulière gravité pour la sécurité et l'ordre publics et qui soit entre en relation de manière habituelle avec des personnes ou des organisations incitant, facilitant ou participant à des actes de terrorisme, soit soutient, diffuse, lorsque cette diffusion s'accompagne d'une manifestation d'adhésion à l'idéologie exprimée, ou adhère à des thèses incitant à la commission d'actes de terrorisme ou faisant l'apologie de tels actes (CSI, art. L. 229-1, al. 1er).

---

[1] CE, avis, 6 juillet 2016, n° 398234, 39135.

[2] C. GIRAULT, « Le contrôle de légalité des perquisitions administratives par le juge pénal mission impossible ? » Crim., 28 mats 2017, n° 16-85.072, *AJ Pénal* 2017, p. 289.

[3] QPC-Perquisitions et saisies administratives dans le cadre de l'état d'urgence, Cons. const., 19 février 2016, n° 2016-536 QPC, Ligue des droits de l'homme, *Constitutions* 2016, p. 192.

« Ces opérations ne peuvent concerner les lieux affectés à l'exercice d'un mandat parlementaire ou à l'activité professionnelle des avocats, des magistrats ou des journalistes et les domiciles des personnes concernées » (CSI, art. L. 229-1, al. 2).
C'est au juge des libertés et de la détention du tribunal de grande instance de Paris qu'il appartient, sur saisine motivée du représentant de l'État dans le département ou, à Paris, du préfet de police, d'autoriser, par une ordonnance écrite et motivée et après avis du procureur de la République de Paris, la visite d'un lieu. Il appartient à l'autorité préfectorale désireuse de saisir le juge des libertés et de la détention d'en informer préalablement le procureur de la République de Paris, ainsi que de besoin le procureur de la République territorialement compétent, avec à l'appui toutes les données relatives aux opérations projetées (CSI, art. L. 229-1, al. 3). L'ordonnance est la plus complète possible sur les éléments clés de la visite : adresse des lieux, service et qualité des agents opérateurs et de contrôle, et droit à l'assistance d'un avocat.
Le JLD exerce autorité et contrôle, y compris sur la retenue de la personne visitée (CSI, art. L. 229- al. 1°).
Il est patent qu'afin d'éviter toute invalidation éventuelle par le Conseil constitutionnel, le législateur a choisi l'appel au juge judiciaire plutôt que de rester dans le droit commun administratif. En tout état de cause, la conciliation entre l'inviolabilité du domicile et la sauvegarde de l'ordre public est au point d'équilibre.

2.2. Les saisies et le respect de la vie privée

Là également, l'état d'urgence rime avec contrôle du juge administratif et loi antiterroriste avec celui du juge judiciaire.

2.2.1. La saisie de l'état d'urgence et le contrôle du juge administratif

Lors d'une perquisition il peut être accédé aux données stockées dans un système informatique ou un équipement terminal (smartphone, tablette, disque dur…) présent sur les lieux et celles-ci peuvent faire l'objet d'une copie ou les équipements peuvent être

saisis s'il s'avère que la perquisition révèle l'existence d'éléments relatifs à la menace que constitue pour la sécurité et l'ordre publics le comportement de la personne chez qui la perquisition est réalisée. Cependant le Conseil constitutionnel a considéré dans sa décision QPC du 19 février 2016 qu'en l'absence de l'autorisation d'un juge il y avait méconnaissance du droit au respect de la vie privée [1].
La loi de prorogation du 21 juillet 2016 a de ce fait introduit l'exigence de l'autorisation du juge administratif des référés statuant dans les 48 heures pour exploiter les données saisies.

2.2.2. La saisie antiterroriste et le contrôle du juge judiciaire

L'inspiration de l'état d'urgence est manifeste, mais avec un encadrement plus complet et bien sûr l'existence du pivot constitué par le JLD.
*« Aux seules fins de prévenir la commission d'actes de terrorisme, si la visite révèle l'existence de documents, objets ou données relatifs à la menace d'une particulière gravité pour la sécurité et l'ordre publics que constitue le comportement de la personne concernée, il peut être procédé à leur saisie ainsi qu'à celle des données contenues dans tout système informatique ou équipement terminal présent sur les lieux de la visite soit par leur copie, soit par la saisie de leur support lorsque la copie ne peut être réalisée ou achevée pendant le temps de la visite » (*CSI, art. L. 229-5, I, al. 1er).
Dès la fin de la visite, l'autorité administrative peut demander au juge des libertés et de la détention du tribunal de grande instance de Paris d'autoriser l'exploitation des données saisies. Au vu des éléments révélés par la visite, le juge statue dans un délai de quarante-huit heures à compter de sa saisine sur la régularité de la saisie et sur la demande de l'autorité administrative. (CSI, art. L. 229-5, II, al. 1er). Doit être respectée la finalité de l'opération, axée sur la prévention d'acte de terrorisme.
Les systèmes informatiques ou équipements terminaux sont restitués à leur propriétaire, le cas échéant après qu'il a été procédé à la copie des données qu'ils contiennent, à l'issue d'un délai

---

[1] *Idem.*

maximal de quinze jours à compter de la date de leur saisie ou de la date à laquelle le juge, saisi dans ce délai, a autorisé l'exploitation des données qu'ils contiennent. Les données copiées sont détruites à l'expiration d'un délai maximal de trois mois à compter de la date de la visite ou de la date à laquelle le juge, saisi dans ce délai, en a autorisé l'exploitation (CSI, art. L. 229-5, II, al. 7). Ces délais peuvent être prorogés pour la même durée par le JLD de Paris.
Les contraintes consécutives aux saisies restent dans un cadre respectueux de la vie privée eu égard aux exigences de sauvegarde de l'ordre public.

2.3. Les palpations de sécurité, l'inspection visuelle et la fouille des bagages et la visite des véhicules : de la censure à la légalisation antiterroriste

La loi de prorogation du 21 juillet 2016 avait ajouté un article 8-1 à la loi du 3 avril 1955, autorisant le préfet à ordonner, par décision motivée, les officiers de police judiciaire et sous leur responsabilité les agents de police judiciaire et certains agents de police judiciaire adjoints à procéder à des contrôles d'identités, à l'inspection visuelle et à la fouille des bagages ainsi qu'à la visite des véhicules circulant, arrêtés ou stationnant sur la voie publique ou dans des lieux accessibles au public. Mais dès lors que ces mesures peuvent être autorisées en tout lieu dans les zones où s'applique l'état d'urgence sans qu'elles soient nécessairement justifiées par des circonstances particulières établissant le risque d'atteinte à l'ordre public dans les lieux en cause, le Conseil constitutionnel a considéré que le législateur n'avait pas assuré une conciliation équilibrée entre l'objectif de valeur constitutionnelle de sauvegarde de l'ordre public et la liberté d'aller et de venir et le droit au respect de la vie privée. Elles ont donc été déclarées contraires à la Constitution avec effet au 30 juin 2018[1]. La loi du 3 octobre 2017 reprend ces mêmes dispositions, mais justifiées par l'établissement du périmètre de protection et le consentement des personnes. Elle y ajoute l'assistance possible d'agents privés de sécurité placés sous l'autorité d'un OPJ (CSI,

[1] Cons. constit., 1er décembre 2017, n° 2017-677 QPC.

art. L. 226-1, al. 4) et d'agents de police municipale après accord du maire (CSI, art. L. 226-1, al. 5 et L. 511-1, al.6).

Les personnes qui refusent de se soumettre, pour accéder ou circuler à l'intérieur de ce périmètre, aux palpations de sécurité, à l'inspection visuelle ou à la fouille de leurs bagages ou à la visite de leur véhicule s'en voient interdire l'accès ou sont reconduites d'office à l'extérieur du périmètre par les agents susmentionnés (CSI, art. L. 226-1, al. 7).

L'on peut légitimement considérer que la conciliation équilibrée chère au juge constitutionnel est ici atteinte.

X. Points de vue sur les compétences du juge administratif et du juge judiciaire[1]

Yan Laidié
Professeur de droit public à l'Université de Bourgogne

Pauline Le Monnier de Gouville
Maître de Conférences à l'Université Panthéon-Assas Paris II

1. Etat des lieux

Quelles compétences pour le juge administratif dans le contrôle des mesures de contrainte ? Pourquoi certaines des mesures de contrainte de l'état d'urgence sont entrées dans le droit commun en 2017 ?

[1] La présente contribution s'est appuyée essentiellement sur les auteurs suivants : A. BRUNEL, « Etat d'urgence et renseignement : retour sur la répartition des contentieux », *A.J. Pénal* 2017 p. 475 ; O. CAHN et J. LEBLOIS-HAPPE, « Loi n° 2017-1510 du 30 octobre 2017 renforçant la sécurité intérieure : perseverare diabolicum », *AJ Pénal* 2017 p. 468 ; P. CASSIA, « Juge administratif et juge judiciaire : match nul pour les libertés individuelles », Site Médiapart, 12 septembre 2019 ; Th. HERRAN, « L'impact de la loi relative à la sécurité publique sur la distinction entre la police judiciaire et la police administrative », *AJ Pénal* 2017 p. 472 ; P. JANUEL, « Loi sécurité intérieure : quelle utilisation des mesures administratives spéciales », *Dalloz Actualités*, 19 septembre 2018 ; « Banalisation des mesures issues de l'état d'urgence », *Dalloz actualité*, 22 février 2019 ; S. HENNETTE-J.B. PERRIER, « Le juge judiciaire et l'état d'urgence », *RFDA* 2017 p. 949 ; S.-H.VAUCHEZ, S. SLAMA, « Etat d'urgence : l'émergence d'un droit administratif de l'ennemi ? », *AJDA* 2017 p. 1801 ; O. LE BOT, « Un état d'urgence permanent ? (Loi n° 2017-1510 du 30 octobre 2017 renforçant la sécurité intérieure et la lutte contre le terrorisme) », *RFDA* 2017 p. 1115 ; V. SIZAIRE, « Le juge administratif et la protection des libertés : éléments pour une garde partagée », *RDLF* 2019, Chro. N° 27. ; X. VANDENDRIESSCHE, « Le contrôle du Conseil d'Etat sur les mesures prises au titre de l'état d'urgence », *AJDA* 2018 p. 1322 ; P. WACHSMANN, « L'état d'exception dans le droit commun ?, *D.* 2017 p. 1905.

Yan Laidié

Le juge administratif, dont la compétence pour annuler les actes de la puissance publique repose sur un principe fondamental reconnu par les lois de la République[1], a vu son rôle en quelque sorte mécaniquement augmenter sous le régime de l'état d'urgence, dans la mesure où celui-ci a mis en place un droit d'exception conférant à l'administration des pouvoirs réservés en temps normal à l'autorité judiciaire, que l'on pense :

- aux différentes interdictions pouvant être décidées par le préfet (zones de sécurité, interdictions de séjour dans tout ou partie du département) ;
- aux contrôles d'identité, fouilles des bagages et visites des véhicules (art. 8-1 de la loi de 1955 créé par la loi n° 2016-987 du 21 juillet 2016) ;
- aux perquisitions administratives.

Dès lors n'est-il pas surprenant que, lorsque le législateur a adopté la loi du 30 octobre 2017 renforçant la sécurité intérieure et la lutte contre le terrorisme, le juge administratif se soit vu confier le contrôle d'un certain nombre de mesures inscrivant dans le droit commun certains pouvoirs inspirés de l'état d'urgence :

- le contrôle de la fermeture de lieux de cultes décidée par le préfet[2] : depuis la déclaration de l'état d'urgence le 13 novembre 2015, 16 mosquées avaient été fermées sur le fondement de cette loi, et la nouvelle règle prévoit que la fermeture peut être prononcée pour une durée pouvant aller jusqu'à six mois, peut être exécutée d'office et est assortie de peines dissuasives en cas de méconnaissance de la décision de fermeture. Au 8 février 2019, 7 lieux de culte ont été fermés sur ce fondement et le juge administratif a à chaque fois donné raison à l'Etat.

---

[1] Cons. Const. 23 janvier 1987, n°86-224 DC.

[2] Art. L 227-1 du Code de la sécurité intérieure.

- le contrôle de l'institution de périmètres de protection (ce qui permet de sécuriser un lieu ou un évènement en soumettant l'accès à celui-ci à un filtrage)[1] : l'arrêté définit ce périmètre, peut autoriser les agents à procéder en son sein à des palpations de sécurité ainsi qu'à l'inspection visuelle et à la fouille des bagages, de même que la visite du véhicule, le tout avec le consentement de la personne. Au 8 février 2019, 270 avaient été mis en place par les préfets.
- les mesures de surveillance individuelles[2]. La loi offre au ministre de l'Intérieur souhaitant s'assurer d'un contrôle administratif de l'individu le choix entre une surveillance forte et une surveillance assouplie. Une surveillance forte prend la forme d'une limitation des possibilités de déplacement de la personne : ne pas se déplacer à l'extérieur d'un périmètre géographique déterminé, qui ne peut être inférieur au territoire de la commune, se présenter périodiquement aux services de police ou aux unités de gendarmerie, dans la limite d'une fois par jour, sauf à remplacer cette mesure par un placement sous bracelet électronique si l'individu y consent, déclarer son lieu d'habitation et tout changement de lieu d'habitation. Une surveillance souple peut être décidée à titre initial ou après une surveillance forte et permet d'imposer à l'individu de déclarer son domicile et tout changement, de signaler ses déplacements à l'extérieur d'un périmètre déterminé ne pouvant être plus restreint que le territoire de la commune de son domicile, de ne pas paraître dans un lieu déterminé[3]. La mesure de surveillance prise l'est pour une durée maximale de six mois et peut être renouvelée pour

---

[1] Art L 226-1 du Code de la Sécurité intérieure qui reconnaît au préfet le pouvoir d'instituer « un périmètre de protection au sein duquel l'accès et la circulation des personnes sont réglementés »

[2] L'article L 228-1 du Code de la Sécurité intérieure confère à l'autorité administrative le pouvoir de prendre à l'égard d'un individu des mesures de contrôle administratif et de surveillance, notamment pour les individus s'étant rendus ou ayant tenté de rejoindre un théâtre d'opérations de groupements terroristes (Contrôle Administratif de Retour sur le Territoire, CART).

[3] Art L 228-2 et L 228-4 du Code de la sécurité intérieure

une durée de six mois, le nombre de renouvellements n'étant pas limité. Au 8 février 2019, 106 mesures individuelles (qui ont remplacé les assignations à résidence) ont été prononcées, à 85 % envers des hommes.

Pauline Le Monnier de Gouville.

La récupération de mesures initialement réservées à l'état d'urgence s'inscrit dans un contexte de mutation de la procédure pénale visant à mobiliser différentes formes de lutte contre la délinquance. Ce phénomène passe par une intervention de plus en plus précoce de la police : il s'agit pour les autorités publiques d'anticiper, à un stade ultra préventif, les actes de terrorisme. En réalité, cette démarche préventive n'a pas débuté avec la loi n° 2017-1510 du 30 octobre 2017, mais avec celle n° 2014-1353 du 13 novembre 2014, renforçant les dispositions relatives à la lutte contre le terrorisme, puis celle n° 2016-731 du 3 juin 2016, créant notamment, et respectivement, l'interdiction de sortie du territoire d'un individu dont on pense qu'il est candidat au djihad[1], ainsi qu'un dispositif de contrôle administratif du retour sur le territoire[2].

La loi du 30 octobre 2017 renforçant la sécurité intérieure et la lutte contre le terrorisme, quant à elle, « *insère* […] *dans le droit commun* »[3] la plupart des mécanismes contenus dans celle n° 55-385 du 3 avril 1955 relative à l'état d'urgence. D'après l'exposé

[1] Art. L224-1 du Code de la sécurité intérieure. Sur ce point, voir A. CAPPELLO, « L'interdiction de sortie du territoire dans la loi renforçant les dispositions relatives à la lutte contre le terrorisme », *AJ Pénal* 2014, p. 560 ; Y. MAYAUD, « L'état d'urgence récupéré par le droit commun ? Ou de l'état d'urgence à l'état de confusion ! », *JCP G* 2016, n° 12, 344.

[2] Art. L225-1 s. du Code de la sécurité intérieure. Ce dispositif a été créé par la loi n° 2016-731 du 3 juin 2016 et permet de contrôler, à leur retour, des individus s'étant rendus ou ayant tenté de rejoindre un théâtre d'opérations de groupements terroristes dans des conditions susceptibles de la conduire à porter atteinte à la sécurité publique lors de son retour sur le territoire français.

[3] Expression récurrente de l'étude d'impact ayant précédé l'adoption de la loi.

des motifs du projet de loi de prorogation de l'état d'urgence[1], l'objectif de ce dernier est d'instaurer « *un régime temporaire, activé dans des circonstances exceptionnelles, pour faire face à un péril imminent* » et justifiant une atteinte accrue, pour une raison précise et une durée limitée, à certaines libertés publiques. Partant, la loi précitée de 2017 vise à assurer une « *sortie maîtrisée de l'état d'urgence* »[2]. Le raisonnement se construit en trois temps, que décrit très justement un auteur[3]. Le premier consiste à considérer que le niveau de la menace terroriste justifie des mesures fortes. Le deuxième temps invite à tempérer le postulat, en affirmant que de telles mesures ne peuvent être que provisoires. Enfin, le dernier temps nous rappelle que, pour autant, la sortie de l'état d'urgence ne doit pas conduire à démunir l'État face à la menace terroriste[4]. C'est ainsi ce syllogisme qui a guidé le législateur et l'a conduit à inscrire dans le droit commun des mesures à l'origine exceptionnelles.

Or, cette intégration de « l'exception » dans notre dispositif de droit commun modifie profondément la philosophie de la politique sécuritaire. Parce qu'ils sont désormais inscrits dans la loi ordinaire, les pouvoirs nouvellement introduits dans le Code la sécurité intérieure demeurent effectifs même si la menace ayant justifié leur création cesse et sans qu'il soit nécessaire de se fonder sur des circonstances exceptionnelles. Ce sont d'ailleurs ces doutes et ces difficultés qui ont incité les parlementaires à prévoir

[1] Qui donnera lieu à la dernière loi de prorogation en date, la loi de prorogation n° 2017-1154 du 11 juillet 2017.

[2] Comme l'indique l'exposé des motifs de la loi précitée du 11 juillet 2017 prorogeant l'application de la loi n° 55-385 du 3 avril 1955 relative à l'état d'urgence, précédant, donc, celle du 30 octobre 2017. Il est fait référence à la réflexion, alors en cours, relative aux mesures permettant d'assurer une « *sortie maîtrisée de l'état d'urgence* ».

[3] O. LE BOT, « Un état d'urgence permanent ? Loi n° 2017-1510 du 30 octobre 2017 renforçant la sécurité intérieure et la lutte contre le terrorisme », *RFDA* 2017, p. 1115.

[4] Il ne s'agit pas, en effet, de « *se démunir juridiquement face au fléau du terrorisme* » (F.-N. BUFFET, *J.O. débat Sénat*, séance du 18 juillet 2017, p. 2697).

une « clause d'autodestruction »[1] rendant applicables les dispositions créées jusqu'au 31 décembre 2020[2]. Il s'agit dès lors de s'interroger sur la façon dont le droit pénal *lato sensu* appréhende, absorbe, récupère parfois l'urgence qu'il y a à agir, par la mise en place de dispositifs les plus dérogatoires, les plus attentatoires. Droit commun d'exception, exception pérenne, les oxymores fleurissent à mesure que le désarroi grandit face aux limites de nos institutions et confortent le souhait d'une politique pénale résolument préventive, ayant vocation à s'exprimer avant tout passage à l'acte. Les mesures ainsi créées reposent désormais sur l'appréhension d'un risque ou d'une menace par anticipation, l'objectif recherché étant, notamment, de démanteler les réseaux terroristes ; la difficulté tenant néanmoins au fait qu'une telle démarche se fonde sur l'état dangereux d'un individu, et non sur la commission d'un acte dangereux, ni même sur le projet d'en commettre[3]. Aussi, le principe selon lequel un auteur agit puis la réponse pénale intervient s'étiole progressivement, et ce, pour deux raisons. D'abord car l'on souhaite, évidemment, éviter les conséquences graves qu'entraînerait un passage à l'acte. Ensuite, en raison de l'absence d'effet dissuasif de la réponse pénale face à des individus prêts à sacrifier leur vie pour la cause qu'ils poursuivent[4]. Lorsque la mort ne fait plus peur, quelle peine envisager dans le cadre de la lutte contre le terrorisme ?

Pour toutes ces raisons, le législateur choisit d'orienter la politique criminelle et de glisser vers une logique de suspicion et de précaution dans notre société, démarche qu'approuve d'ailleurs la majorité de nos co-citoyens, favorables à des mesures plus

---

[1] Ph. BAS, *J.O. Débat Sénat*, séance du 18 juillet 2017, p. 2657.

[2] Art. L22-10-1 du Code de la sécurité intérieure.

[3] V. J. ALIX et O. CAHN, « La preuve dénaturée : prouver la dangerosité ? De la preuve d'un acte passé à la preuve d'un acte futur ? », *in Les transformations de la preuve pénale, Actes du Congrès de l'AFDP 2017* (sous la de dir. P. BEAUVAIS et R. PARIZOT), LGDJ, 2018.

[4] O. LE BOT, *op. cit.* Voir également F. SAINT-BONNET, « Le terrorisme djihadiste et les catégories juridiques modernes », *JCP G* 2015, 1348 : l'auteur évoque les limites de la sanction, reléguée « *au rang de l'impuissance et du dérisoire* ».

fortes encore, telles que la rétention préventive de sûreté. Bien que l'on ne puisse percevoir une parfaite transposition de l'état d'urgence, au regard des garanties nouvelles qui entourent les différents dispositifs de droit commun, c'est en définitive une sortie en « trompe-l'oeil »[1] de ce régime exceptionnel que réalise la loi du 30 octobre 2017.

2. Répartition des compétences

Quel est le rôle traditionnel du juge administratif ? Peut-on parler d'une véritable révolution ou ne s'agit-il que d'une simple évolution ?

Yan Laidié.

Encore une fois, le juge administratif est tout à fait dans son rôle lorsqu'il s'agit d'annuler ou suspendre des actes des autorités administratives. Sa compétence, nous l'avons dit, repose sur un principe de valeur constitutionnelle dégagé par le Conseil constitutionnel. Il n'y a donc pas, à proprement parler, révolution de compétences mais un effet mécanique induit par la logique de la législation sur l'état d'urgence. On s'est aperçu que cette compétence n'amenait pas seulement le juge administratif à annuler un arrêté municipal réglementant le trafic automobile, ou interdisant le spectacle d'un humoriste, mais pouvait l'amener à contrôler, suspendre et annuler des actes de puissance publique qui touchent au cœur même de l'autorité de l'Etat et aux libertés.

D'où l'interrogation : est-il bien à sa place ? Est-ce bien son rôle ? N'est-ce point plutôt celui du juge judiciaire dès lors qu'il est question de protection des libertés ?

---

[1] Expression reprise par M. O. LE BOT, lequel précise pour autant que la loi de 2017 ne constitue pas un « *décalque* » de celle du 3 avril 1955 sur l'état d'urgence, *in* « Un état d'urgence permanent ? Loi n° 2017-1510 du 30 octobre 2017 renforçant la sécurité intérieure et la lutte contre le terrorisme », préc.

La Constitution ne dit rien de la manière dont sont répartis les contentieux entre les deux ordres de juridictions, sauf sur un point : selon son article 66, « *nul ne peut être arbitrairement détenu. L'autorité judiciaire, gardienne de la liberté individuelle, assure le respect de ce principe ...* ». Or il faut bien lire le texte même si le Conseil constitutionnel a semblé pendant longtemps adopter une vision très (trop) large ce cet article. Il est question de la protection, non point de toutes les libertés, mais de LA liberté individuelle et de la protection contre la détention arbitraire qui est confiée à la seule autorité judiciaire (le Conseil constitutionnel a cette lecture depuis 1999 : seules les mesures privatives de liberté relèvent du monopole de compétence de l'autorité judiciaire) : il s'agit essentiellement de la garde à vue, de la rétention d'étrangers, de l'hospitalisation d'office ou de la mise en détention.
Toutes les autres atteintes portées par des autorités administratives aux libertés relèvent, qu'on le veuille ou non, du juge administratif. C'est pourquoi d'ailleurs le Tribunal des conflits, dans son arrêt « *Bergoend* » du 17 juillet 2013[1], a redéfini la notion de voie de fait en réduisant son champ (désormais il n'y a voie de fait que lorsque l'administration : soit a procédé à l'exécution forcée, dans des conditions irrégulières, d'une décision même régulière, portant atteinte à la liberté individuelle ou aboutissant à l'extinction d'un droit de propriété ; soit a pris une décision qui a les mêmes effets d'atteinte à la liberté individuelle ou d'extinction du droit de propriété et qui est manifestement insusceptible d'être rattachée à un pouvoir appartenant à l'autorité administrative).

II est vrai que l'effet mécanique de l'état d'urgence est allé très loin et que l'on a pu légitimement s'émouvoir de la dévolution de certaines attributions au juge administratif : c'est le cas par exemple des perquisitions et saisies de documents lors de visites domiciliaires. C'est pourquoi la loi de 2017 revient sur le choix découlant de l'état d'urgence en confiant au juge judiciaire le soin de contrôler une opération de police administrative diligentée par le préfet (une visite domiciliaire).

---

[1] N° C3911.

Mais la place du juge administratif n'est pas illégitime. En réalité, il y a révolution, non pas des compétences du juge administratif, mais de la conception que celui-ci se fait de son rôle et des pouvoirs qui lui ont été confiés : il est devenu peu à peu une juridiction des droits de l'homme, doté de pouvoirs importants en matière d'urgence pour faire cesser une atteinte à une liberté. De ce fait, comme le dit Paul Cassia[1], juridiction administrative et autorité judiciaire ont une perception comparable de l'équilibre entre libertés fondamentales et préservation de l'ordre public. Saisi de la légalité d'un acte ou d'une opération administrative, le juge administratif, comme le juge pénal, doit toujours mettre en balance deux éléments : les libertés individuelles d'une part, et les nécessités de l'ordre public, de l'autre.

Le juge judiciaire aurait-il pu revendiquer ces compétences ? Peut-on parler d'un « dessaisissement » du juge judiciaire ? Est-ce le signe d'une méfiance à son égard ?

Pauline Le Monnier de Gouville.

Il faut d'abord comprendre que la situation est inédite et source d'une curieuse mosaïque processuelle : la loi du 30 octobre 2017 écarte en effet le juge de l'ordre judiciaire, sauf pour les mesures de visites et de saisies de sécurité intérieure[2], proposant, pour celles-ci, une association originale de la police administrative et du juge judiciaire. Ce dernier est incarné par le juge des libertés et de la détention, sorte de juge « *trans-ordres-juridictionnels* »[3]. Or, pourquoi n'avoir réintroduit ce juge que pour ces mesures, et non pour d'autres, pourtant tout aussi dangereuses pour les libertés des individus ? Cette évolution est vraisemblablement le signe

---

[1] P. CASSIA, préc.

[2] Art. L229-1 du Code de la sécurité intérieure. Cet article confère aux préfets le pouvoir de mettre en oeuvre des perquisitions administratives et d'exploiter à l'issue de celles-ci les données informatiques saisies.

[3] F. FOURMENT, « La visite de sécurité intérieure, substitut de la perquisition pénale », *Gaz. Pal.* 23 janvier 2018, n° 3, p. 82.

d'une perte de repères dans la mise en oeuvre de nos principes, qui passe par l'évitement du juge judiciaire ; le Professeur Yves Mayaud évoque un « *court-circuitage* », une « *dépossession* » même, du magistrat de l'ordre judiciaire[1]. La lutte contre le terrorisme brise les codes - sans jeu de mots -, mêlant compétences administrative et judiciaire. Le dualisme juridictionnel, ADN de notre droit français, s'épanche sans délimitation précise, montrant plus que jamais combien le droit pénal se trouve à la lisière du droit public - preuve en est la compétence accrue de l'autorité administrative. La lutte contre le terrorisme se déjudiciarise, signe curieux d'une défiance à l'égard du juge judiciaire : comme si celui-ci était nécessairement de mauvaise volonté, comme si celui-ci était un obstacle à l'efficacité du procès. Plusieurs arguments seraient pourtant de nature à permettre à ce dernier de revendiquer sa compétence.

Le premier d'entre eux tient au fait que la France est sortie de l'état d'urgence : l'urgence à agir en matière terroriste, par définition n'est plus la même. Le passage au droit commun aurait dès lors dû conduire, presque naturellement, à se tourner vers le juge judiciaire. Or, telle n'est pas la logique retenue. Celle-ci n'est à vrai dire guère nouvelle : dès 2016, le législateur, créant la mesure de retenue pour vérification de situation administrative[2], avait en effet préféré s'en remettre, non au juge, mais au procureur de la République, en prévoyant une obligation d'information à l'égard du parquet alors même que ladite mesure entraîne une privation de liberté, sur la base de simples « *raisons sérieuses* » de penser que le comportement d'un individu est lié à des activités terroristes. Lorsque l'on connaît l'ambivalence inhérente au

---

[1] Y. MAYAUD, « La simplification de la procédure pénale applicable au terrorisme », *in La simplification de la procédure pénale, Actes du colloque organisé par l'Université de Corse -Pasquale Paoli* (sous la dir. de Y. CARPENTIER), *Lexbase pén.* 2018, n° 7. Pour une réflexion sur l'éviction du juge judiciaire, voir également : O. LE BOT, « État d'urgence et compétences juridictionnelles », *RFDA* 2016, p. 436.

[2] Art. 78-3-1 du Code de procédure pénale. La procédure a été créée par la loi précitée du 3 juin 2016.

statut du ministère public[1], l'on peut pourtant douter de l'opportunité de ce que le législateur a cru être une garantie suffisante. La sortie de l'état d'urgence aurait pu, précisément, être l'occasion de réifier le juge judiciaire au sein du droit commun, comme marqueur clair de distinction. Pourquoi ne pas suggérer de soumettre cette procédure au regard d'un juge externe, tiers et indépendant, que pourrait être le juge des libertés et de la détention ?

Le deuxième argument consiste à se tourner vers l'article 66 de la Constitution française, lequel fait de l'autorité judiciaire la seule gardienne de la liberté individuelle. À s'en remettre aux diverses mesures évoquées (interdiction de circulation, de séjour, assignation à résidence, fermeture provisoire de certains lieux, etc.), l'on perçoit combien celles-ci renvoient à la mission du juge judiciaire. Les libertés individuelles sont directement concernées et la réification du juge serait en pleine adéquation avec la lettre même de la Constitution. La question n'est pas tant celle de la légitimité des dispositifs créés que celle de l'absence de contrôle du juge judiciaire, reflet d'une nouvelle philosophie pénale, processuelle, sécuritaire, et d'un attachement profond à l'urgence[2]. L'argument de l'article 66 et de la mission du juge judiciaire apparaît, du reste, d'autant plus fort que nous disposons, depuis près de vingt ans, d'une institution spécifiquement tournée vers la protection des libertés : le juge des libertés et de la détention, lequel aurait ainsi vocation à embrasser une série de contentieux.

Le troisième et dernier argument, enfin, résulte de certaines « zones de résistance »[3] qui perdurent et qui démontrent que la compétence du juge judiciaire est possible, voire souhaitée.

---

[1] Voir notamment : CEDH, 29 mars 2010, n° 3394/03, *Medvedyev et a. c/ France*. Les juges européens ont considéré que le ministère public n'est pas une autorité judiciaire au sens que la Cour donne à cette notion. Voir également CEDH, 23 novembre 2010, n° 37104/06, *Moulin c/ France*.

[2] En ce sens, voir Y. MAYAUD, « La simplification de la procédure pénale applicable au terrorisme », préc.

[3] Le professeur Y. MAYAUD, dans son article précité, évoque une « *résistance judiciaire* ».

D'abord, le législateur s'en remet à ce magistrat dans le cadre des mesures de visites et de saisies de sécurité intérieure, grâce à un contrôle *a priori* et *a posteriori*[1]. Ensuite, et plus encore, la jurisprudence a admis, à diverses reprises, la compétence du juge pénal pour connaître de certains actes de police administrative. Ainsi, dans un arrêt du 3 mai 2017, la chambre criminelle s'appuie sur l'article 111-5 du Code pénal, permettant au juge répressif d'« *interpréter les actes administratifs* [...] *et* [d'] *en apprécier la légalité* » si la solution du procès en dépend, pour autoriser le juge judiciaire à apprécier la légalité des mesures d'assignation prononcées dans le cadre de l'état d'urgence[2]. Parce que la mesure est de nature à alimenter un contentieux judiciaire pénal lorsque la personne ne respecte pas l'assignation imposée, le juge peut ainsi être invité à connaître de l'acte administratif et à en apprécier la nécessité et la proportionnalité. De même, le 13 décembre 2016, la Cour de cassation a autorisé le juge judiciaire à contrôler la légalité des perquisitions administratives réalisées dans le cadre de l'état d'urgence en cas de procédure pénale incidente, dès lors que ces opérations peuvent conduire à la constatation d'infractions[3]. Par la suite, la Cour de cassation a alors instauré une procédure originale permettant aux juridictions du fond de solliciter le ministère public afin d'obtenir de l'autorité préfectorale les éléments factuels sur lesquels celle-ci s'était fondée pour prendre sa décision[4]. Ces solutions, certes rendues sous l'état d'urgence, auraient vocation, de par leur portée de principe, à s'appliquer en droit commun. On songe tout

---

[1] Voir *infra*.

[2] Crim., 3 mai 2017, n° 16-86155, *D. Actualité*, 30 mai 2017, note S. FUCINI ; *D.* 2017, p. 1175, note G. BEAUSSONNIE ; *D.* 2017, p. 1557, chron. G. BARBIER ; *RSC* 2017, p. 337, note F. CORDIER.

[3] Crim., 13 décembre 2016, n° 16-84794, n° 16-82176, n° 16-84162, *AJ pén.* 2017, p. 30, note T. HERRAN et M. LACAZE ; *Dr. adm.* 2017, n° 5, comm. 20, note G. EVEILLARD ; *Dr. pén.* 2017, n° 3, ét. 6, note C. RIBEYRE ; *JCP G* 2017, n° 9, 206, note J.-H. ROBERT ; *D.* 2017, p. 275, note J. PRADEL.

[4] Crim., 28 mars 2017, n° 16-85072, *D.* 2017, p. 1169, note P. CASSIA ; *ibid*, p. 1676, note J. PRADEL ; *ibid*, p. 1557, chron. G. GUEHO, E. PICHON, B. LAURENT, L. ASCENSI et G. BARBIER ; *AJ pén.* 2017, p. 289, note C. GIRAULT ; *JCP G* 2017, n° 17, 473, note J.-B. PERRIER ; Lexbase éd. privée 2017, n° 697, note T. HERRAND et M. LACAZE.

particulièrement aux mesures de contrôle et de surveillance administrative instaurées par la loi du 30 octobre 2017, dont le non-respect donne lieu à une sanction pénale[1], et donc à un contentieux judiciaire. Au regard de ces différentes marques de résistance, et de confiance, c'est bien que le juge pénal n'est pas si incompétent. L'ensemble de ces arguments pourraient ainsi donner une assise au juge judiciaire afin d'étendre sa compétence.

Avec ce partage des compétences, la distinction entre police judiciaire et police administrative a-t-elle encore un sens ?

Pauline Le Monnier de Gouville.

La question posée suppose, avant tout, de rappeler le critère finaliste de distinction entre la police judiciaire et la police administrative, à savoir le but poursuivi à travers l'opération : l'activité de la police judiciaire vise à constater les infractions, en rechercher les auteurs et prouver les infractions, tandis que celle de la police administrative a pour objectif de préserver l'ordre public, de faire cesser les troubles causés à la sécurité, salubrité, tranquillité, moralité publique et dignité. La mission générale de police administrative est donc de surveillance et n'a pas pour finalité spécifique la prévention des infractions[2]. Ces deux polices travaillent avec les mêmes acteurs, sur la base d'actes et d'informations qui peuvent être identiques : en matière de police administrative, cette information est appelée « renseignement » ; en matière de police judiciaire, elle est dénommée « preuve »[3].

---

[1] Art. L228-7 du Code de la sécurité intérieure : le fait de se soustraire aux obligations résultant des mesures de contrôle administratif et de surveillance est puni de trois ans d'emprisonnement et de 45 000 € d'amende.

[2] T. HERRAN, « La distinction police administrative et police judiciaire et la simplification de la procédure pénale : quelles perspectives ? », *in La simplification de la procédure pénale, Actes du colloque organisé par l'Université de Corse -Pasquale Paoli*, préc.

[3] Voir É. VERGÈS, « La procédure pénale au temps des confluences. À propos des visites domiciliaires et saisies instituées par la loi n° 2017-1510 du 30 octobre 2017 renforçant la sécurité intérieure et la lutte contre le terrorisme », *RSC* 2018, p. 153.

Une fois ce critère rappelé, le constat est alors celui de ses limites et de son essoufflement[1], en raison notamment de lois récentes qui réduisent la distinction à une opposition entre prévention et répression[2]. D'un côté, en effet, la police judiciaire contribue à une politique de prévention par le biais de l'anticipation de la répression, de la multiplication des infractions de prévention et du développement des enquêtes pro-actives permettant aux enquêteurs de rechercher les infractions parfois même avant leur commission. Se développe un « *droit pénal préventif et évaluatif* »[3]. D'un autre côté, la police administrative assure une mission

---

[1] Pour une réflexion au sujet de cette confusion, voir notamment : H. MATSOPOULOU, « Le critère de la distinction entre la police administrative et la police judiciaire », *Lexbase pén.* 2018, n° 1 ; T. HERRAN, « La distinction police administrative et police judiciaire et la simplification de la procédure pénale : quelles perspectives ? », *in La simplification de la procédure pénale, Actes du colloques organisé par l'Université de Corse -Pasquale Paoli*, préc., et, du même auteur, « La distinction entre police administrative et police judiciaire à l'aune de la loi relative au renseignement », Montesquieu *Law Review*, issue, 4 march 2016 ; P. BON, « Le but de la police administrative générale », *RFDA* 2016, p. 791 ; J. ALIX, « La lutte contre le terrorisme entre prévention pénale et prévention administrative », *in Le code de la sécurité intérieure, artisan d'un nouvel ordre ou semeur de désordre ?* (sous la dir. de M. TOUILLIER), Dalloz, 2017, p. 154 et R. PARIZOT, « La distinction entre police administrative et police judiciaire est-elle dépassée ? », *in ibid.*, p.133 ; J. PETIT, « Les controverses récentes sur la distinction entre police administrative et police judiciaire », *in Les controverses en droit administratif*, Dalloz, coll. Thèmes et commentaires, p. 40 ; O. CAHN, « Un État de droit, apparemment », *AJ pénal* 2016, p. 201 ; M.-A. GRANGER, « La distinction police administrative / police judiciaire au sein de la jurisprudence du Conseil constitutionnel », *RSC* 2011, p. 789.

[2] Loi n° 2015-012 du 24 juillet 2015 relative au renseignement, loi n° 55-385 du 3 avril 1955 relative à l'état d'urgence modifiée par la loi 2015-1501 du 20 novembre 2015, loi n° 2016-731 du 3 juin 2016 renforçant la lutte contre le crime organisé, le terrorisme et leur financement, loi n° 2017-258 du 28 février 2017 relative à la sécurité publique, loi n° 2017-1510 du 30 octobre 2017 renforçant la sécurité intérieure et la lutte contre le terrorisme.

[3] P. BEAUVAIS, « La nouvelle surveillance pénale », *in Humanisme et justice, Mélanges en l'honneur de Geneviève Giudicelli-Delage*, Dalloz, 2016, p. 261.

répressive en permettant de recueillir des éléments utiles, lesquels pourront être récupérés par la voie judiciaire[1]. Cette police a en outre accès, depuis la loi n° 2015-012 du 24 juillet 2015, à une série de mesures qui relèvent traditionnellement de la police judiciaire (sonorisations, géolocalisation, interception de correspondances, collecte des données de connexion, etc.)[2].

La procédure de visites et de saisies de sécurité intérieure est particulièrement manifeste de cette confluence, au point que l'on se demande effectivement si la distinction entre les deux polices a encore un sens. Deux éléments peuvent être mobilisés au soutien de cette réflexion. D'abord, ces opérations de sécurité intérieure bénéficient d'un champ d'application très redondant avec celui des perquisitions judiciaires, bien qu'il ait été annoncé, lors des débats parlementaires ayant précédé l'adoption de la loi du 30 octobre 2017, que le dispositif prévu par le Code de la sécurité intérieure est conçu à titre « subsidiaire »[3]. Un champ redondant, donc à l'examen des critères de mise en œuvre : les mesures de visites et de saisies peuvent en effet être réalisées en présence de

---

[1] Voir T. HERRAN, « L'impact de la loi relative à la sécurité intérieure sur la distinction entre la police judiciaire et la police administrative », *AJ pén*al 2017, p. 472.

[2] Art. L801-1 du Code de la sécurité intérieure. S'agissant des sonorisations, comp. art. L853-1 s. du Code de la sécurité intérieure et art. 706-96 du Code de procédure pénale ; s'agissant des interceptions de correspondance, comp. art. L852-1 du Code de la sécurité intérieure et art. 100 du Code de procédure pénale ; s'agissant des infiltrations virtuelles, comp. art. L863-1 du Code de la sécurité intérieure et art. 706-35-1 et 706-47-3 du Code de procédure pénale.

[3] Sénat, Rapp. n° 629 relatif au Projet de loi renforçant la sécurité intérieure et la lutte contre le terrorisme (M. MERCIER), 12 juillet 2017, p. 70. Selon le rapport, l'opération de visite domiciliaire administrative peut être mise en oeuvre « *soit en cas d'impossibilité de recourir à une procédure judiciaire dans l'hypothèse ou l'indice de la menace grave et caractérisée n'est pas corroboré et émane d'une source unique* », soit parce que l'information sur la menace que représente une personne émane d'un service de renseignement étranger et ne peut, pour cette raison, être transmise à l'autorité judiciaire (les règles d'échange de renseignement impliquant l'accord du service source à toute diffusion extérieure dudit renseignement). Il s'agit donc de restreindre l'opération à une « *levée de doute* », « *lorsque les éléments sont insuffisants pour permettre une judiciarisation* ».

« *raisons sérieuses* » de penser que le comportement d'une personne constitue une menace d'une particulière gravité pour la sécurité et l'ordre public, en raison de mauvaises relations ou de propos de nature terroriste[1]. Or, comment distinguer les « *raisons sérieuses* » des « *raisons plausibles de soupçonner* »[2] qu'un individu a commis ou tenté de commettre une infraction ? Les mesures de visites et de saisies de sécurité intérieure visent un lieu fréquenté par une personne dont le comportement pourrait sans doute justifier une perquisition pénale. L'objectif poursuivi par le législateur, de prévention des actes de terrorisme[3], n'est-il pas en effet si vaste qu'il offre une grande marge d'appréciation, et ce, d'autant plus que le Code de la sécurité intérieure ne définit nullement la notion ? Ne pourrait-on pas obtenir, par la voie judiciaire, le résultat poursuivi par ces mesures de visites ? Ce croisement entre les procédures est d'autant plus manifeste que la perquisition judiciaire ne vise pas forcément le domicile du suspect, ni davantage le suspect lui-même. Il suffit que des éléments intéressant l'enquête soient susceptibles de se trouver sur le lieu de la perquisition. Comme le relève un auteur s'appuyant sur une affaire portée devant la chambre criminelle, si l'on prend l'exemple d'une perquisition dans un bar comme point de ralliement entre deux individus, dans une affaire de recel et de

---

[1] Art. L229-1 du Code de la sécurité intérieure : les mesures de visites et de saisies sont possibles « *lorsqu'il existe des raisons sérieuses de penser qu'un lieu est fréquenté par une personne dont le comportement constitue une menace d'une particulière gravité pour la sécurité et l'ordre publics et qui soit entre en relation de manière habituelle avec des personnes ou des organisations incitant, facilitant ou participant à des actes de terrorisme, soit soutient, diffuse, lorsque cette diffusion s'accompagne d'une manifestation d'adhésion à l'idéologie exprimée, ou adhère à des thèses incitant à la commission d'actes de terrorisme ou faisant l'apologie de tels actes* ».

[2] Art. 61-1 et 62-2 du Code de procédure pénale.

[3] La loi prévoit en effet que les mesures de visites et de saisies, mais aussi de surveillance administrative, de fermeture de lieux de culte, peuvent être décidées « *aux seules fins de prévenir des actes de terrorisme* » (art. L227-1, L228-1, L229-1 et L-229-5, I du Code de la sécurité intérieure). S'agissant des périmètres de protection instaurés, la loi réserve son utilisation à un lieu ou évènement « *exposé à un risque d'actes de terrorisme* » (art. L226-1 du Code de la sécurité intérieure).

détention d'armes[1] : ne pourrait-on pas, envisager, en ce cas, une visite de sécurité intérieure ? Lorsque l'on sait le développement des infractions-obstacles permettant de punir de plus en plus tôt l'acte préparatoire de l'action terroriste[2], qu'entendre par « *comportements constitutifs d'une menace d'une particulière gravité pour la sécurité et l'ordre publics* » qui n'inciteraient pas les autorités à ouvrir une enquête ou une instruction ? Au regard de ce qui précède, et de ce point de vue, les critères de distinction sont en définitive très poreux. Le second élément, ensuite, de nature à s'interroger sur la pertinence de la distinction entre les polices administrative et judiciaire réside dans la transformation d'un renseignement recueilli par la police administrative en une preuve produite dans une procédure pénale. Pour prolonger l'exemple de la visite de sécurité intérieure, si celle-ci révèle une infraction, alors l'officier de police judiciaire doit dresser un procès-verbal et peut procéder à toute saisie utile[3]. Les éléments

---

[1] Dans cet exemple, la Cour de cassation a rappelé que la perquisition peut se réaliser indépendamment de l'existence d'indices de participation à une infraction : il suffit que des éléments intéressant l'enquête soient susceptibles de se trouver à l'endroit perquisitionné (Crim., 27 janvier 1987, n° 86-83278) ; voir F. FOURMENT, *op. cit.*

[2] Art. 421-1 à 421-8 du Code pénal. Voir notamment : R. PARIZOT, « L'anticipation de la répression », *in Le principe de nécessité en droit pénal, actes de la journée d'études radicales* (sous la dir. de O. CAHN et K. PARROT), Lextenso éd. 2013, p. 123 ; R. OLLARD, « Vers un droit pénal du risque ? », *Lexbase éd. privée* 2015, n° 626, p. 2 ; A. PONSEILLE, « Les infractions de prévention, argonautes de la lutte contre le terrorisme », *RDLF* 2017, chron. n° 26 ; J. ALIX, « Quelle place pour le droit pénal contre le terrorisme ? », *in Humanisme et justice, Mélanges en l'honneur de Geneviève Giudicelli-Delage*, préc., p. 429 ; P. PONCELA, « Les naufragés du droit pénal », *Arch. de pol. crim.*, 2016, p. 15 et O. CAHN, « Cet ennemi intérieur, nous devons le combattre. Le dispositif antiterroriste français, une manifestation du droit pénal de l'ennemi », *in ibid*, p. 98 ; P. Le MONNIER de GOUVILLE, « De la répression vers la prévention. Réflexion sur la politique criminelle antiterroriste », *Les Cahiers de la Justice*, Dalloz-ENM, 2017, n° 2, p. 209.

[3] Art. L229-2 du Code de la sécurité intérieure : l'officier de police judiciaire en informe sans délai le procureur de la République territorialement compétent, ce qui permettra l'ouverture incidente d'une procédure judiciaire. Dans le même ordre d'idées, si l'exploitation ou l'examen des données conduit à la constatation d'une infraction, ces dernières sont conservées selon les règles applicables en matière de procédure pénale (art. L 229-5 du Code de la sécurité intérieure). Les mêmes données saisies, au cours de la même procédure, font ainsi l'objet d'un traitement judiciaire distinct du traitement administratif.

saisis sont donc à la fois des renseignements et des preuves. L'article 811-2, alinéa 3, du Code de la sécurité intérieure, quant à lui, renvoie à l'article 40 du Code de procédure pénale selon lequel un fonctionnaire qui acquiert la connaissance d'une infraction doit en informer le procureur de la République[1]. L'information recueillie à titre de renseignement peut ainsi se retrouver dans un dossier pénal. L'articulation des polices permet de glisser véritablement du renseignement vers la preuve pénale en vue d'établir des faits devant le juge judiciaire : le renseignement devient une « pré-preuve »[2]. Sachant que cette pré-preuve peut comporter des indices de suspicion ouvrant la voie à la réalisation d'actes coercitifs ou intrusifs d'enquête ou d'instruction. Quel serait d'ailleurs l'intérêt de la mesure de visite et de saisie si celle-ci n'aboutissait pas rapidement à des interpellations, gardes à vue, mises en examen et condamnations ? Sous le régime de l'état d'urgence, plusieurs rapports ont démontré l'utilité des perquisitions administratives, ayant permis, d'une part, d'avoir accès à des informations qu'il n'aurait pas été possible de recueillir dans le cadre des procédures judiciaires et, d'autre part, de mettre en œuvre par la suite des procédures judiciaires[3]. Cette exploitation judiciaire du renseignement collecté, du reste, touche d'autres mesures de police administrative, telles que celle, précitée, de contrôle administratif de retour sur le territoire, laquelle sera souvent suivie dans la pratique d'une mise en examen avec contrôle judiciaire, afin de canaliser l'urgence que fait naître le retour d'un individu après être parti, par exemple, en Syrie. Au-delà de ces exemples, la chambre criminelle de la Cour de cassation le reconnaît elle-même, dans un arrêt en date du 6 octobre 2015 : le procès-verbal consignant le renseignement est dépourvu

---

[1] É. VERNY, « Du renseignement à la preuve pénale », *in Les transformations de la preuve pénale, Actes du Congrès de l'AFDP 2017*, préc, p. 155 ; F. FOURMENT, « La loi « Renseignement », le renseignement incident de commission d'une infraction et l'autorité judiciaire », *Gaz. Pal.* 26 janvier 2016, dossier « Le renseignement dans un dossier pénal », p. 637.

[2] É. VERGÈS, *op. cit.*

[3] Rapp. Ass. Nat. com. enquête n° 3922 relatif aux moyens mis en œuvre par l'État pour lutter contre le terrorisme depuis le 7 janvier 2015 (S. PIETRASANTA), 5 juillet 2016, p. 264-265 ; Rapp. Ass. Nat. n° 4281 d'information sur le contrôle parlementaire de l'état d'urgence (D. RAIMBOURG et J.-F. POISSON), 6 décembre 2016, p. 119.

de force probante mais est destiné à permettre des investigations ultérieures[1]. Deux années plus tard, 19 septembre 2017, la chambre criminelle, tout en rappelant que les renseignements ne constituent pas des actes de police judiciaire, affirme que ces éléments peuvent servir à guider d'éventuels actes d'investigation mais également de preuve de culpabilité à la double condition d'être débattus contradictoirement et de ne pas constituer le fondement exclusif de culpabilité[2].

Les nouvelles lois de police administrative représentent en définitive « *l'antichambre de la procédure pénale* »[3], au détriment des exigences de prévisibilité et d'accessibilité de la loi. Le critère finaliste de la distinction entre police administrative et judiciaire apparaît dépassé, voire dangereux lorsqu'il conduit à évincer le contrôle judiciaire. Doit-on alors nettement distinguer, par des critères tangibles et grâce à des agents appartenant à des corps distincts, l'information recueillie à titre de renseignement et celle recueillie à des fins probatoires ? C'est toute la difficulté, sachant que la base de ces actes demeure la même : des faits, qui seront qualifiés tantôt de menaces pour la sécurité et l'ordre public, tantôt d'infractions[4].

---

[1] Crim., 6 octobre 2015, n° 15-82247 (à propos d'un renseignement fourni par une personne désirant conserver l'anonymat), *D.* 2016, p. 1727, note J. PRADEL.

[2] Crim., 19 septembre 2017, n° 17-82317, *D.* 2018, p. 155, note T. HERRAN ; *AJ* pénal 2017, p. 507, note G. ROUSSEL.

[3] T. HERRAN, « L'oxymore de la prévention réactive à la commission d'une infraction », *Gaz. Pal.* 23 janvier 2018, n° 3, p. 66 ; M. TOUILLIER, « La loi sur le renseignement traduit-elle l'émergence d'une procédure para-pénale ? », *in Le code de la sécurité intérieure, artisan d'un nouvel ordre ou semeur de désordre ?* préc., p. 159 ; G. BEAUSSONNIE, « Chronique législative. Le droit pénal écarté de la lutte contre le terrorisme », *RSC* 2017, n° 4, p. 777.

[4] Voir M. LACAZE, « La dualité juridictionnelle française, instrument de la lutte contre le terrorisme », *in Les politiques criminelles antiterroristes en Europe* (sous la dir. de M. LACAZE et A. GORGOZA), Les colloques de l'ISCJ 2017, n° 1, p. 99.

3. Garanties

L'indépendance du juge administratif peut-elle être critiquée en ce domaine ?

Yan Laidié.

Absolument pas. Un faux argument en faveur de la supériorité de la juridiction judiciaire par rapport à la juridiction administrative tient au fait que la première serait plus sensible à la préservation des libertés que la seconde car plus indépendante.
En raison de sa formation initiale (l'ENA), des liens qu'il conserve avec l'administration active au cours de sa carrière, des fonctions non juridictionnelles qu'il assume, on suspecte le juge administratif d'avoir pour l'administration les yeux de Chimène. De la proximité à la connivence ou à la complaisance il n'y a qu'un pas et on soupçonne qu'il est franchi.
D'où cette vieille idée qui a fait du juge judiciaire le gardien des libertés et de la propriété, à une époque où le juge administratif n'était pas indépendant (au XIXe siècle).

C'est aujourd'hui un faux procès que rien ne permet d'étayer et qui est dépassé. Le juge administratif a, sans doute, un regard avisé sur l'action administrative et peut être compréhensif à l'égard des difficultés de cette action. Mais il n'est en aucun cas complaisant ou dépendant.

Le Conseil d'Etat se permet parfois de rendre de véritables arrêts de règlement (par exemple en ajoutant dans les composantes de l'ordre public la notion de dignité de la personne humaine en 1995). Est-ce là le signe d'une juridiction sous influence ? Nous ne le pensons pas.

Quel juge présente les meilleures garanties pour le justiciable ?

Yan Laidié.

Comme l'a reconnu le Premier président de la Cour de cassation, aujourd'hui, « *personne ne discute plus sérieusement que le juge administratif réalise une défense des droits fondamentaux aussi protectrice de l'individu face à l'intérêt général que celle offerte par le juge judiciaire* ». La question n'est donc pas de savoir quel juge doit protéger les libertés mais si les conditions générales dans lesquelles l'un et l'autre interviennent leur permettent réellement d'assurer cette protection.
Le juge administratif dispose de deux moyens essentiels : le pouvoir d'annulation d'un acte pris par une autorité administrative, et depuis la loi du 30 juin 2000 le pouvoir de suspendre un tel acte en urgence (48 h) s'il porte atteinte à une liberté fondamentale[1].
Le recours pour excès de pouvoir n'est pas suffisant : lorsque le juge statue, au bout d'un an, la mesure est entièrement exécutée le plus souvent. D'où l'intérêt d'un référé permettant au juge administratif de statuer en 48 h et d'avoir un pouvoir de suspension, d'injonction.

La seule faiblesse de la protection par le juge administratif tient au fait qu'elle intervient *a posteriori*, et non *a priori* comme peut le faire le juge des libertés et de la détention. Mais ce délai de 48h dans lequel doit statuer le juge du référé liberté compense en partie cette faiblesse.

Pauline Le Monnier de Gouville.

L'intérêt de la distinction entre police judiciaire et police administrative tient à la compétence juridictionnelle. Au demeurant, les mesures en jeu posent la question de contrôles distincts pour

[1] Art. L 521-2 du Code de la justice administrative.

des libertés de valeur équivalente (droit au respect de la vie privée et inviolabilité du domicile ; liberté d'aller et de venir). Cela suppose, avant tout, de s'interroger sur le rôle du juge judiciaire au regard de l'article 66 de la Constitution. Au cours de l'année 1999[1], le Conseil constitutionnel a en effet soudainement abandonné sa conception large de liberté individuelle, réduisant le champ de cet article aux détentions arbitraires : garde à vue, détention, rétention, hospitalisation sans consentement[2]. Certes, cela peut se justifier au regard du premier alinéa de l'article 66, selon lequel « *Nul ne peut être arbitrairement détenu* ». Mais l'on mesure les conséquences d'une telle solution : le législateur dispose désormais d'une grande marge d'appréciation quant à l'intervention du juge judiciaire concernant les mesures qui n'atteindraient pas la liberté individuelle *stricto sensu.* Cela s'en ressent tout particulièrement au regard de la loi du 30 octobre 2017.

La question de savoir quel contrôle est le plus opportun, et le plus pertinent, pour les justiciables s'était déjà posée dans le cadre de l'état d'urgence. Le Conseil constitutionnel, le 19 février 2016, avait admis que le contrôle d'une perquisition puisse être opéré par le juge administratif, mais seulement *a posteriori*[3]. Or, dans

---

[1] Cons. const. 16 juin 1999, n° 99-411 DC ; 19 janvier 2006, n° 2005-532 DC ; 30 mars 2006, n° 2006-535 DC. Le Conseil constitutionnel adoptait jusqu'alors une conception étendue de la notion de liberté individuelle (voir par exemple, à propos d'une mesure ne portant atteinte qu'à la liberté d'aller et de venir : Cons. const., 12 janvier 1977, n° 76-75 DC, considérants 1 à 5).

[2] Voir notamment, au sujet de ce débat : B. LOUVEL, « L'autorité judiciaire, gardienne de la liberté individuelle ou des libertés individuelles ? », Réflexion à l'occasion de la rencontre annuelle des premiers présidents de cour d'appel et de la Cour de cassation, 2 février 2016, https://www.courdecassation.fr/publications_26/prises_parole_2039/discours_2202/premier_president_7084/gardienne_liberte_33544.html ; G. CANIVET, « Pathologie de la garantie de la liberté individuelle. Le syndrome de la confusion. Examen de la jurisprudence du Conseil constitutionnel relative à l'interprétation de l'article 66 de la Constitution », *in Humanisme et justice, Mélanges en l'honneur de Geneviève Giudicelli-Delage*, préc, p. 323 ; V. G. BEAUSSONNIE « Le principe de judiciarité des mesures privatives de libertés », *Les nouveaux problèmes actuels de sciences criminelles*, vol. XXVII, 2016, p. 51 s.

[3] Cons. const., 19 février 2016, déc. n° 2016-536 QPC, *Ligue des droits de l'homme*, *AJ pénal.* 2016, p. 201, note O. CAHN ; *JCP G* 2016, 477, note C.

la pratique, peu de recours ont été exercés, en raison de leur faible effet : ce recours ne permettait pas, en effet, de contrer la perquisition elle-même, mais seulement d'engager la responsabilité de l'État. Si la perquisition avait été décidée à tort (ce qui s'est révélé correspondre à 40 % des situations ayant fait l'objet de recours[1]), le juge administratif ne pouvait qu'annuler *a posteriori* la décision - sans effet, donc, pour la personne ayant fait l'objet d'une perquisition -, et condamner l'administration à lui verser des dommages et intérêts[2]. Les plaideurs ont donc préféré saisir le juge judiciaire afin de contester la régularité de la perquisition et d'en obtenir l'annulation : c'est là l'intérêt majeur du contrôle du juge judiciaire. Le 13 décembre 2016, la Cour de cassation a admis ces recours en permettant au juge pénal, en cas de procédure incidente, de contrôler la légalité des ordres de perquisitions pris par l'autorité administrative[3]. Refuser ce pouvoir aurait conduit à poser une étanchéité de principe entre procédures administrative et pénale et à priver le justiciable d'une garantie supplémentaire. Avec la solution rendue, les juridictions d'instruction saisies de procédures judiciaires ouvertes à la suite de telles perquisitions pouvaient donc, le cas échéant, annuler les actes du dossier, bien que ceux-ci reposent sur une décision de nature administrative. La chambre criminelle s'est, pour cela, fondée sur l'article 111-5 du Code pénal - la légalité de l'ordre préfectoral déterminant effectivement la solution du litige puisque les éléments qui fondent les poursuites ont été obtenus à l'occasion de l'opération -, mais aussi sur l'article préliminaire

---

RIBEYRE ; *JCP A* 2016, 2139, note M. VERPEAUX ; *D.* 2016, p. 1328, note N. JACQUINOT et R. VAILLANT ; *AJCT* 2016, p. 202, ét. J.-C. JOBART ; *Constitutions* 2016, p. 100, chron. L. DOMINGO ; *Procédures* 2016, n° 4, comm. 138, note A.-S. CHAVENT-LECLÈRE.

[1] Sénat, Rapp. n° 591 relatif au Projet de loi prorogeant l'application de la loi n° 55-385 du 3 avril 1955 relative à l'état d'urgence (M. MERCIER), 28 juin 2017, p. 14 : le rapport évoque 31 annulations sur 78 décisions rendues.

[2] CE, ass., avis, 6 juillet 2016, n° 398234, *Napol et autres*, *Lebon,* p. 320, concl. B. BOURGEOIS-MACHUREAU ; *AJDA* 2016, p. 1635, chron. L. DUTHEIL-LET de LAMOTHE et G. ODINET ; *Dr. adm.* 2016, comm. 59, note G. EVEILLARD ; *JCP A* 2016, 2256, note M. VERPEAUX ; *D.* 2016, p. 1567, note M.-C. de MONTECLER ; *RFDA* 2016, p. 943, note O. LE BOT ; *JCP A* 2016, act. 53, F. TESSON.

[3] Crim., 13 décembre 2016, préc.

du Code de procédure pénale selon lequel les « *mesures de contrainte dont la personne suspectée ou poursuivie peut faire l'objet sont prises sur décision ou sous le contrôle effectif de l'autorité judiciaire* », marquant ainsi une ferme volonté de réintroduire le juge pénal dans le contentieux des libertés et ce, alors même que la perquisition n'est pas une mesure de contrainte contre un suspect, ni davantage un acte de police judiciaire.

Chaque ordre dispose en réalité d'avantages et d'inconvénients différents et il est délicat de savoir s'il existe une voie meilleure, ou moins protectrice des droits des personnes concernées. La voie judiciaire présente l'avantage de la garantie constitutionnelle de l'indépendance judiciaire[1], ce qui implique qu'elle soit seule compétente s'agissant des atteintes à la liberté la plus fondamentale, la liberté individuelle. La voie administrative, elle, présente des avantages certains : l'existence d'un référé-liberté notamment[2] (tandis que l'appel dans le cadre des opérations de visite et de saisies, par exemple, est non suspensif d'exécution[3]).

Tout est alors une question d'angle d'approche, selon que le curseur se place sur le statut des juges, les garanties procédurales, ou les atteintes portées aux libertés de nature équivalente. Si l'on

---

[1] V. G. BEAUSSONNIE et A. BOTTON, « Le contrôle de la police administrative par le juge judiciaire », *Gaz. Pal.* 23 janvier 2018, n° 3, p. 87.

[2] Art. L521-2 du Code de la justice administrative. Tel est le cas, par exemple, pour les mesures individuelles de contrôle administratif et de surveillance. Selon l'article L228-2 du Code de la sécurité intérieure, si, à compter de la notification de la décision de renouvellement de la mesure devant intervenir au plus tard cinq jours avant son entrée en vigueur, la personne concernée saisit le juge administratif d'un référé-liberté dans un délai de quarante-huit heures, la mesure ne pourra entrer entrer en vigueur avant que ce juge ait statué. Cela garantit ainsi un recours juridictionnel *a priori* des atteintes graves et manifestement illégales à la liberté d'aller et venir. En outre, cet article prévoit un recours en annulation devant le tribunal administratif des décisions instaurant ou renouvelant des mesures individuelles de contrôle et de surveillance. Le requérant pourra parallèlement, selon l'article L521-1 du Code de justice administrative, saisir le juge des référés afin qu'il ordonne la « *suspension de l'exécution de cette décision, ou de certains de ses effets, lorsque l'urgence le justifie et qu'il est ait état d'un moyen propose à créer, en l'état de l'instruction, un doute sérieux quant à la légalité de la décision* ».

[3] Art. 229-3 du Code de la sécurité intérieure.

s'attarde sur les deux mesures qui posent difficulté - surveillance et contrôle administratif[1], puis visites et saisies -, il est permis de s'interroger : une restriction à la liberté d'aller et venir, *via* les mesures de contrôle et de surveillance, est-elle moins grave qu'une atteinte aux droits au respect de sa vie privée et à l'inviolabilité de son domicile, laquelle, elle, justifie l'intervention du juge judiciaire ? En outre, l'on s'aperçoit que le dispositif faisant intervenir le juge judiciaire, dans le cadre des opérations de visites et saisies, est beaucoup plus « garantiste »[2], en tous les cas davantage que ce que n'offrait le cadre de l'état d'urgence (grâce à une autorisation *a priori* du juge des libertés et de la détention, à un contrôle *in situ* et *a posteriori*, à la présence d'un conseil, à la prévision d'un recours contre l'autorisation et contre le déroulement de l'opération[3]). L'intervention du juge judiciaire semble ainsi donner l'impulsion nécessaire au législateur pour affirmer davantage de garanties entourant les mesures attentatoires aux libertés.

4. Étendue du contrôle

Pourquoi les perquisitions administratives sont soumises au contrôle du juge des libertés et de la détention ? Le contrôle du JLD est-il vraiment efficace en pratique ? Faudrait-il l'étendre à d'autres actes ou pourrait-on le supprimer ?

Pauline Le Monnier de Gouville.

Celles que l'on nomme en des termes précautionneux les « visites et saisies de sécurité intérieure » ont été incorporées dans le droit commun en s'inspirant des perquisitions administratives prévues dans le cadre de l'état d'urgence[4]. Pour autant, il ne s'agit pas

---

[1] Art. L228-1 à L228-7 du Code de la sécurité intérieure.
[2] L'expression est employée par F. FOURMENT, *in op. cit.*
[3] V. *infra.*
[4] Art. L229-1 et s du Code de la sécurité intérieure.

véritablement d'une transposition du régime d'exception dans la mesure où un certain nombre de garanties entourent désormais le dispositif, à commencer par l'intervention d'un juge judiciaire. Cette immixtion du juge, au demeurant, traduit une certaine prudence et un consensus du législateur, lequel se serait vraisemblablement confronté à une censure du Conseil constitutionnel. Le juge des libertés et de la détention, lui, remplit une nouvelle fois sa fonction de garant, si ce n'est de caution des atteintes aux libertés, rendues grâce, ou à cause de lui possibles[1]. Avant d'aller plus loin, précisons qu'au 6 décembre 2019, 198 requêtes ont été adressées au juge des libertés et de la détention, 37 d'entre elles ont été rejetées, 160 ont donné lieu à une autorisation et 146 ont été effectivement réalisées ; 83 saisies ont été effectuées[2].

Le premier constat, qui a son importance, est celui de la prévision d'un contrôle en apparence qualitatif. Différentes garanties émaillent en effet le dispositif[3]. La première d'entre elles tient à la prévision d'un contrôle juridictionnel *a priori*, par le biais d'une autorisation préalable du juge des libertés et de la détention, à l'instar de ce qui est prévu, par exemple, dans le cadre des perquisitions dérogatoires de procédure pénale[4] - bien que

---

[1] Voir P. Le MONNIER de GOUVILLE, *Le juge des libertés et de la détention*, thèse Paris II, 2011.

[2] Contrôle parlementaire des mesures de police administrative prises dans le cadre des articles 1er à 4 de la loi n° 2017-1510 du 30 octobre 2017 renforçant la sécurité intérieure et la lutte contre le terrorisme : http://www2.assemblee-nationale.fr/15/commissions-permanentes/commission-des-lois/controle-parlementaire-silt/controle-parlementaire-de-la-loi-renforcant-la-securite-interieure-et-la-lutte-contre-le-terrorisme/donnees-chiffrees/mesures-de-police-administrative

[3] Sur ce point, voir F. FOURMENT, *op. cit.* L'auteur réalise un tableau comparatif des garanties reconnues dans le cadre des visites domiciliaires et perquisitions pénales, des visites et saisies de sécurité intérieure, des perquisitions administratives de l'état d'urgence. Voir également J. BUISSON, « A propos de la loi n° 2017-1510 du 30 octobre 2017, renforçant la sécurité intérieure et la lutte contre le terrorisme », *Procédures* 2018, n° 1, ét. 2. ; E. DAOUD et A. JACQUIN, « La loi renforçant la sécurité intérieure ou la pérennisation de la défense empêchée », *AJ pén*al 2017, p. 482.

[4] Art. 706-89 et s. du Code de procédure pénale (criminalité et délinquance organisées), art. 706-26 et s. du même Code (trafic de stupéfiants et traite des êtres

l'ordonnance du juge ne soit pas, dans ce cadre pénal, juridictionnelle -, ainsi que pour les visites et saisies réalisées par certaines administrations, fiscales, douanières, commerciales, ou encore par certaines autorités administratives indépendantes telles que l'Autorité des marchés financiers ou l'Autorité de la concurrence[1]. L'exigence d'un contrôle *a priori* du juge des libertés et de la détention se trouve par ailleurs également requise pour l'exploitation des données saisies [2]. Sous le régime de l'état d'urgence, un contrôle juridictionnel n'était prévu, le cas échéant, qu'*a posteriori*, par voie d'action contre le juge administratif, ou par voie incidente devant le juge pénal. Dans le cadre de l'élaboration de la loi du 30 octobre 2017, il fut un temps envisagé de confier ce pouvoir de délivrer une autorisation préalable au procureur de la République, solution qui aurait eu pour avantage de permettre à celui-ci d'orienter les officiers de police judiciaire vers la perquisition administrative ou vers la perquisition judiciaire. Ce pouvoir s'accommodait mal, toutefois, de l'absence d'indépendance du magistrat vis-à-vis du pouvoir exécutif, ni de la qualité que l'on sait discutée d'autorité judiciaire. C'est donc la compétence du juge des libertés et de la détention qui a été retenue. La possibilité de prévoir un contrôle *a priori* représente en définitive la principale raison du choix du juge judiciaire ; un simple contrôle *a posteriori* ne permettrait pas d'effacer les conséquences dommageables de la mesure.

La deuxième garantie est celle d'un contrôle *in situ,* permettant au juge des libertés et de la détention de contrôler le déroulement de la procédure en se déplaçant et, le cas échéant, de la suspendre ou de l'arrêter, d'office ou sur saisine de l'occupant des lieux[3].

---

humains), art. 706-34 et s. du même Code (proxénétisme et retours à la prostitution des mineurs).

[1] Art. L16B du Livre des procédures fiscales pour les perquisitions fiscales ; Art. 62 du Code des douanes pour les perquisitions douanières, Art. L450-4 du Code de commerce pour les perquisitions réalisées dans le cadre de la répression des pratiques anticoncurrentielles ; Art. L621-12 du Code monétaire et financier pour celles réalisées par l'AMF.

[2] Art. L229-5 du Code de la sécurité intérieure.

[3] L'article L229-2, alinéa 5, du Code de la sécurité intérieure précise que l'opération « *s'effectue sous l'autorité et le contrôle du juge des libertés et de la*

L'on regrettera néanmoins l'absence d'obligation d'information des personnes intéressées de leur droit de saisir le magistrat aux fins de faire suspendre ou d'arrêter la visite, ce qui peut nuire à l'effectivité de cette garantie. Ce magistrat n'a d'ailleurs pas davantage l'obligation de mentionner, au sein de son ordonnance d'autorisation, la possibilité et les modalités de sa saisine en vue de la suspension ou de l'arrêt de la visite, alors pourtant que l'article L229-2 du Code la sécurité intérieure lui reconnaît bien ce pouvoir de décision. La prévision d'un contrôle *in situ* représente malgré tout une garantie notable, que ne prévoyait nullement le dispositif des perquisitions administratives sous le régime de l'état d'urgence et qui fait par ailleurs défaut pour certains actes de procédure judiciaire pénale[1].

La troisième garantie tient à l'assistance, pour l'individu concerné par la mesure, d'un avocat de son choix : il s'agit là d'une garantie intéressante, existant déjà dans le cadre de visites et saisies réalisées par certaines administrations et qui doit conduire à s'interroger, pourquoi pas, sur la nécessité de prévoir une telle assistance dans le cadre des perquisitions judiciaires - l'on sait que, pour l'heure, la Cour de cassation s'y refuse[2]. Si l'avocat représente une garantie louable, l'on observera néanmoins qu'il demeure écarté de la mesure de retenue, laquelle peut être décidée pour une durée de quatre heures à compter du début de la visite lorsque la personne à l'encontre de laquelle « *il existe des raisons sérieuses de penser que son comportement constitue une menace d'une particulière gravité pour la sécurité et l'ordre publics* », « *est susceptible de fournir des renseignements sur les*

détention qui l'a autorisée ». Le juge donne à cette fin toutes instructions aux agents qui participent à l'opération.

[1] P. Le MONNIER de GOUVILLE, « Quel juge pour l'enquête ? », *in La juridictionnalisation de l'enquête pénale*, Actes du Colloque ICSJ/ENM Bordeaux, 30 avril 2014 (sous la dir. de O. DÉCIMA), Cujas, coll. Actes et études, 2015.

[2] Crim., 22 octobre 2013, n° 13-81945 ; Crim., 6 février 2018, n° 17-84380. Ces solutions apparaissent en contradiction avec deux arrêts de la Cour de cassation rendus à propos des opérations de visites et de saisies effectuées par l'administration de la concurrence, de la consommation et de la répression des fraudes en vue de rechercher la preuve de pratiques anticoncurrentielles, solutions qui autorisent la présence de l'avocat lors de l'opération (Crim., 27 novembre 2013, n° 12-85830 et n° 12-86424).

documents et données présents sur le lieu de la visite ayant un lien avec la finalité de prévention de la commission d'actes de terrorisme ayant justifié la visite ». L'article L229-4 du Code de la sécurité intérieure ne fait en effet nullement mention de la présence d'un conseil, à la différence de l'article L229-1 relatif aux visites et saisies. Le dispositif rappelle, de ce point de vue, le mécanisme de retenue pour vérification de situation administra-tive déjà évoqué[1], lequel ne prévoit pas davantage la présence d'un conseil. Or, le dispositif interpelle. *Quid* si des soupçons apparaissent en cours de retenue ? L'affirmation de droits de la défense témoigne bien de l'ambivalence de la mesure. Comme pour la garde à vue et l'audition libre dans le cadre de la procédure judiciaire[2], la personne a le droit, d'après l'article L229-4, d'être informée du fondement légal et de la durée de la mesure, de faire prévenir un proche et son employeur. Plus encore, elle doit être informée du droit de se taire, alors même que, paradoxalement, l'officier de police judiciaire la prévient qu'il ne s'agit pas d'une audition. Le juge des libertés et de la détention, lui, doit être averti sans délai et peut y mettre fin à tout moment, mais son accord *a priori* n'est nullement requis[3]. Cette série d'incohérences témoigne de la fragilité d'un dispositif « sur le fil » : l'individu n'est pas suspect, ou alors à l'état embryon-naire, et la différence est infime : d'un côté, des soupçons laissant à penser qu'une personne a commis ou tenté de commettre une infraction justifieraient une garde à vue ; d'un autre côté, des « *raisons sérieuses* » (mais qu'est-ce à dire ?) ne permettent, qu'une simple retenue. La confusion est latente mais l'enjeu crucial : la personne objet d'une retenue ne bénéficie pas, elle, du droit à l'assistance d'un avocat. En l'état, le texte soulève ainsi diverses questions. D'abord, comment distinguer « l'embryon » de soupçon, pirouette sémantique pour désigner les « *raisons sérieuses* », du soupçon lui-même ? La question se pose avec d'autant plus d'acuité que le législateur définit de plus en plus largement les infractions à caractère terroriste[4] et que le soupçon

---

[1] Art. 78-3-1 du Code de procédure pénale.

[2] Art. 62 et 63-1 du Code de procédure pénale.

[3] Cela avait été un temps envisagé, mais cela fut par la suite écarté au cours des débats parlementaires.

[4] Voir *infra*.

apparaît désormais très tôt. Ensuite, comment éviter, dès lors les détournements de procédure ? Un officier peut en effet être tenté de feindre de ne pas soupçonner un individu afin de le priver d'un avocat - ce sont toujours quatre heures qui échapperaient à celui-ci. Hormis cette importante réserve, la prévision d'un conseil lors de l'opération de visite et de saisie demeure déterminante et participe d'une forme de « judiciarisation » de la procédure.

La quatrième garantie, enfin, tient à l'existence d'un contrôle du juge *a posteriori* par le biais, d'abord, d'un droit de suite[1]. Là encore, le dispositif apparaît plus garantiste que celui prévu en matière de perquisitions judiciaires, puisque, dans ce dernier cas, le Code de procédure pénale n'impose une information dans un bref délai à l'égard du juge des libertés et de la détention que dans le cadre des perquisitions dites dérogatoires mises en oeuvre à l'occasion d'enquêtes et d'instructions relatives à la délinquance et à la criminalité organisées[2]. Ensuite, et surtout, le Code de sécurité intérieure prévoit une série de recours - il est vrai non suspensifs, ce qui est une moindre garantie par rapport à l'hypothèse d'un recours devant le juge administratif. Un double recours peut en effet être formé contre *l'ordonnance* de l'autorisation émise par le juge des libertés et de la détention, puis contre le *déroulement* des opérations de visite et de saisie, devant le premier président de la cour d'appel de Paris[3]. L'ordonnance du juge

---

[1] Art. L229-2 du Code de la sécurité intérieure : le juge des libertés et de la détention bénéficie en effet d'un droit de suite puisque l'agent ayant réalisé l'opération doit dresser sur le champ un procès-verbal relatant les modalités et le déroulement de la visite et consignant les constatations effectuées, puis l'adresser dans le même temps au juge (al. 7 et 8). Outre cela, « *Si, à l'occasion de la visite, les agents qui y procèdent découvrent des éléments révélant l'existence d'autres lieux répondant aux conditions fixées au premier alinéa de l'article L. 229-1, ils peuvent, sur autorisation du juge qui a pris l'ordonnance, délivrée en cas d'urgence par tout moyen, procéder sans délai à la visite de ces lieux.* »

[2] Art. 706-92 du Code de procédure pénale.

[3] Art. L229-3 du Code de la sécurité intérieure. Dans tous les cas, ce recours est formé dans un délai de quinze jours, soit de l'ordonnance d'autorisation des mesures, soit du procès-verbal de visite. L'ordonnance du premier président est elle-même susceptible d'un pourvoi en cassation, dans un délai également de quinze jours.

des libertés et de la détention autorisant l'exploitation des données saisies peut elle aussi faire l'objet d'un recours, dans les quarante-huit heures. À cela s'ajoute un éventuel recours en responsabilité de l'État pour fonctionnement défectueux du service public de la justice[1]. Enfin, les actes liés aux visites et saisies peuvent faire l'objet d'une requête en nullité s'ils sont versés au dossier d'une procédure pénale. Un contrôle *a posteriori* réalisé par le juge judiciaire s'offre ainsi dans une série d'hypothèses. Au-delà, l'ensemble de ces garanties soulèvent la question, à terme, de savoir si l'on doit les étendre aux perquisitions judiciaires : une telle interrogation apparaît particulièrement légitime lorsque l'on sait que le seuil des perquisitions sans assentiment sur accord du juge des libertés et de la détention a été abaissé, par la loi n° 2019-222 du 23 mars 2019 de cinq à trois ans d'emprisonnement[2].

En marge de ces garanties, il est cependant permis de douter, à différents égards et au-delà des réserves précédemment émises, de *l'effectivité* du contrôle du juge[3]. D'abord, un certain scepticisme naît à la lecture du contenu de la motivation de l'ordonnance du juge des libertés et de la détention au regard de la loi, le Code de la sécurité intérieure n'exigeant qu'une simple ordonnance écrite et motivée[4], sans plus de précision, ce qui contraste curieusement avec l'amélioration, légale et jurisprudentielle, de la motivation requise en matière de perquisitions judiciaires. L'article 76 du Code de procédure pénale exige en effet une ordonnance motivée en fait et en droit justifiant la nécessité de l'opération, tandis que la loi précitée du 3 juin 2016 impose désormais au juge des libertés et de la détention de motiver les

---

[1] Art. L141-1 du Code de l'organisation judiciaire.
[2] Art. 76 du Code de procédure pénale.
[3] Sur cette question, voir notamment : O. CAHN et J. LEBLOIS-HAPPE, « Loi n° 2017-1510 du 30 octobre 2017 renforçant la sécurité intérieure et la lutte contre le terrorisme : *perseverare diabolicum* », *AJ pénal* 2017, p. 468 ; É. RASCHEL, « La sécurité intérieure et la lutte contre le terrorisme entre cadence et décadence : commentaire de la loi n° 2017-1510 du 30 octobre 2017 », *Dr. pén.* 2017, n° 12, ét. 23.
[4] Art. L229-1 du Code de la sécurité intérieure.

perquisitions dites dérogatoires, réalisées de nuit, par la démonstration de l'impossibilité d'opérer la mesure de jour[1]. La Cour de cassation, quant à elle, a eu l'occasion, au cours de ces dernières années, d'affiner l'exigence de motivation des ordonnances de ce magistrat[2]. La sobriété du Code de la sécurité intérieure contraste également, par ailleurs, avec l'exigence de motivation requise dans le cadre de visites et saisies réalisées par certaines administrations et qui suppose pour le juge d'établir, outre la référence aux éléments de fait et de droit, l'existence d'indices laissant présumer l'existence d'un comportement illicite, qu'il s'agisse d'un manquement aux règles fiscales, douanières, du marché ou de la concurrence[3]. S'agissant des mesures de visites et de saisies de sécurité intérieure, une motivation plus rigoureuse n'est exigée, par référence à l'« *urgence* » ou à la « *nécessité* » de l'opération - notions vastes en matière de terrorisme - que si la visite est réalisée en dehors des heures légales[4]. Ce silence du législateur

[1] Art. 706-92 du Code de procédure pénale.

[2] Voir Crim. 23 novembre 2016, n° 15-83649, *AJ pén.* 2016, p. 43, note J.-B. THIERRY ; *JCP G* 2017, n° 4, 82, note J. PRADEL ; *Procédures* 2017, n° 1, comm. 16, note A.-S. CHAVENT-LECLÈRE : dans cet arrêt, la Cour exige une motivation « *adaptée et circonstanciée* », et refuse que l'ordonnance « *se borne à se référer à la requête présentée par le procureur de la République* ». Cette évolution s'impose, selon la chambre criminelle, au regard « *des droits protégés par la Convention européenne des droits de l'homme en tenant compte de l'évolution du statut et du rôle juridictionnel du juge des libertés et de la détention voulue par le législateur* ». De même, dans un autre arrêt, la Cour de cassation a jugé qu'une perquisition réalisée de nuit doit être « *spécialement motivée en droit et en fait, au vu de l'urgence et des conditions prévues au 1 et 3 de l'article 706-91* », à défaut de quoi cela priverait la mesure d'un « *contrôle réel et effectif* » (Crim., 8 juillet 2015, n° 15-81731). Ces solutions contrastent avec la position antérieure de la Cour de cassation, laquelle avait pu juger « *qu'aucune disposition légale ne fait obstacle à ce que l'ordonnance du juge des libertés et de la détention se réfère expressément à la requête présentée par le procureur de la République* » (Crim., 6 mars 2013, n° 12-87810).

[3] Par exemple, s'agissant des perquisitions fiscales, outre un certain nombre de mentions, le législateur impose au juge de motiver « *sa décision par l'indication des éléments de fait et de droit qu'il retient et qui laissent présumer, en l'espèce, l'existence des agissements frauduleux dont la preuve est recherchée.* » (art. L 16B du Livre des procédures fiscales). Sur toutes ces questions, voir H. MATSOPOULOU, « De la preuve administrative à la preuve pénale », *in Les transformations de la preuve pénale, Actes du Congrès de l'AFDP 2017*, préc, p. 163.

[4] Art. L229-2, al. 4 du Code de la sécurité intérieure.

interpelle d'autant plus que la Cour de cassation veille à rappeler, dans un arrêt en date du 8 juillet 2015, que seule une motivation spéciale en droit et en fait rend le contrôle réel et effectif[1]. Il conviendrait sans doute de s'en remettre à la sagesse du Conseil constitutionnel, lequel, le 19 février 2016, a exigé du juge administratif qu'il vérifie, dans le cadre de l'état d'urgence, si la mesure est « *adaptée, nécessaire et proportionnée à la finalité qu'elle poursuit* »[2] et qu'il apprécie, « *au regard des éléments débattus contradictoirement devant lui, l'existence de raisons sérieuses permettant de penser que le comportement de la personne constitue une menace pour la sécurité et l'ordre public* »[3].

Outre cette première réserve, le risque est ensuite celui d'un contrôle simplement formel réalisé par le magistrat, s'il est permis, d'une part, de confronter le dispositif, au contrôle réalisé par le juge des libertés et de la détention dans le cadre des opérations de visites et saisies en matière fiscale, douanière, commerciale, etc. : sont en effet dénoncés, dans la pratique, tout à la fois le recours aux ordonnances pré-rédigées[4] et le manque de temps dévolu au magistrat. Plus encore, il est arrivé que la Cour de cassation ne tienne pas compte des éléments laissant penser que le véritable rédacteur de l'ordonnance pourrait être l'administration concernée, affirmant que « *les motifs et le dispositif de l'ordonnance* [...] *sont réputés être établis par le juge qui l'a rendue et l'a signée* »[5]. Les pratiques restent donc certainement à améliorer. D'autre part, le risque d'un contrôle formel du juge des libertés et de la détention peut également être souligné par comparaison avec les perquisitions, au nombre de 4 600 environ, réalisées dans le cadre de l'état d'urgence[6] : la pratique démontre en effet que la motivation des ordonnances a souvent consisté à

---

[1] Crim. 8 juillet 2015, n° 15-81731, préc.
[2] Con. const. 19 février 2016, n° 2016-536 QPC, préc. Considérant 10.
[3] Cons. const. 19 février 2016, n° 2016-535 QPC, Considérant 14.
[4] Voir H. MATSOPOULOU, « La transposition dans le droit permanent des principales mesures de l'état d'urgence », *JCP G* 2017, 1268.
[5] Crim. 27 février 2013, n° 11-88471 ; Com. 2 février 2010, n° 09-13795.
[6] Bilan statistique de l'état d'urgence publié par l'Assemblée nationale, du 14 novembre 2015 au 30 octobre 2017 : http://www2.assemblee-nationale.fr/static/15/lois/bilan_perquisitions.pdf

reprendre (c'est-à-dire, plus simplement, « copier-coller ») la formule du modèle-type délivrée par une circulaire du Ministère de l'Intérieur en date du 14 novembre 2015[1] ; de même, l'on a pu regretter le recours aux « notes blanches », sans référence, date ni signature - pratique pourtant validée par le Conseil d'État[2]. Enfin, la dernière réserve quant à l'effectivité du contrôle tient à l'éviction pure et simple du juge des libertés et de la détention en cas de « retenue sur place » de l'individu pour une durée de quatre heures, sur initiative de l'officier de police judiciaire le temps strictement nécessaire au déroulement de l'opération[3]. Le magistrat n'a pas à donner son autorisation pour ladite mesure et peut seulement décider d'y mettre fin. Le Gouvernement avait bien envisagé de faire intervenir le magistrat, mais la proposition a été écartée - ce qui rappelle, du reste, le procédé précédemment évoqué de retenue pour vérification de situation administrative, pour lequel le juge se trouve également évincé, au profit du procureur de la République.

Le dispositif comporte ainsi un certain nombre de garanties, mais n'est pas exempt de faiblesses, lesquelles appellent une réflexion

---

[1] Min. Int., circ. INTK1500247J. Ce modèle comportait en effet une motivation-type dans les visas (« *Considérant la gravité de la menace terroriste sur le territoire national à la suite des attentats du 13 novembre 2015 ; Considérant la nécessité d'employer les moyens juridiques rendus possibles par la déclaration d'état d'urgence pour prévenir cette menace* ») et à l'article 1er de l'acte administratif (le directeur départemental de la sécurité publique « *est prié de procéder sans délai à la perquisition des habitations ou locaux situés à* (...) *dans lesquels il existe des raisons sérieuses de penser que se trouvent des personnes, armes ou objets susceptibles d'être liés par des activités à caractère terroriste* ». Voir notamment T. HERRAN, « Le contrôle des perquisitions administratives à l'occasion des procédures judiciaires incidentes à l'état d'urgence », *Gaz. Pal.* 19 juillet 2016, n° 27, p. 75 ; N. RORET, « État d'urgence : quel rôle pour le juge pénal ? », *Gaz. Pal.* 22 mars 2016, n° 12, p. 13 ; P. CASSIA, note sous Crim. 28 mars 2017, préc.

[2] CE, 11 décembre 2015, n° 394991, *RFDA* 2016, p. 105, concl. X. DOMINO. Le Conseil d' État a retenu ces notes blanches à titre de preuve pour justifier les mesures d'assignation à résidence ; voir également CE. 23 décembre 2015, n° 395229.

[3] Art. L229-4 du Code de la sécurité intérieure, permettant la mise en œuvre de cette mesure lorsque la personne « *est susceptible de fournir des renseignements sur les objets, documents et données* » présents sur le lieu de la perquisition.

autour de pistes d'amélioration. Dans une perspective d'ensemble, l'on peut se demander si le contrôle du juge judiciaire n'aurait pas vocation à s'étendre aux mesures de contrôle et de surveillance administrative, en raison de la restriction intense que de telles opérations imposent à la liberté d'aller et venir (un rapprochement, à cet égard, avec le contrôle judiciaire décidé en instruction n'étant pas inopportun[1]). La compétence du juge judiciaire avait d'ailleurs été envisagée par le Sénat en vue, de « *renforcer les garanties de la personne concernée mais aussi l'efficacité* » du contrôle[2]. Une telle évolution se justifierait d'autant plus que la violation des obligations imposées par ces mesures est un délit pénal[3], donnant lieu, donc, à un contentieux judiciaire qui conduit le juge à apprécier la légalité de l'acte.

Quel regard portez-vous sur la jurisprudence administrative ? Le contrôle vous semble-t-il drastique ou plutôt libéral ?

Yan Laidié.

On n'a pas encore un regard suffisant sur l'application de la loi de 2017. Mais on peut évoquer le contrôle établi par le juge administratif pendant l'état d'urgence, qui ne manque pas de rejaillir sur son contrôle post-état d'urgence. Or le juge administratif a montré dans plusieurs arrêts sa volonté de préserver le mieux possible les libertés.

[1] Voir G. BEAUSSONNIE et A. BOTTON, « Le contrôle de la police administrative par le juge judiciaire », préc.
[2] Lors des travaux préparatoires de la loi du 30 octobre 2017, il avait en effet été proposé de soumettre le renouvellement des mesures de contrôle et de surveillance à l'autorisation du juge des libertés et de la détention (Sénat, Rapp. n° 629 (M. MERCIER), préc., p. 61.). Le contrôle de l'autorité judiciaire se distinguerait comme un « *gage de renforcement des garanties de la personne concernée, mais également d'efficacité* » (*ibid.*, p. 63).
[3] Art. L229-8 du Code de la sécurité intérieure.

Dans un arrêt du 11 décembre 2015, le Conseil d'Etat a affirmé que la condition d'urgence visée par l'article L 521-2 était présumée remplie s'agissant de la contestation des restrictions apportées à la liberté d'aller et venir, notamment pour une décision prononçant une assignation à résidence « *qui porte en principe et par elle-même, sauf à ce que l'administration fasse valoir des circonstances particulières, une atteinte grave et immédiate à la situation de cette personne, de nature à créer une situation d'urgence justifiant que le juge administratif des référés puisse prononcer dans de très brefs délais si les autres conditions sont remplies, une mesure provisoire et conservatoire* ».

Dans le même sens, le Conseil d'Etat a rappelé que la liberté de culte a le caractère d'une liberté fondamentale : par conséquent, « *un arrêté prescrivant la fermeture d'un lieu de culte, telle qu'une salle de prière, est susceptible de porter atteinte à cette liberté fondamentale* » (25 février 2016).

Quant au contrôle du juge et à son degré : c'est un entier contrôle et pas seulement un contrôle limité à l'erreur manifeste d'appréciation. Cette position de principe a été fixée dès l'ordonnance du 11 décembre 2015 s'agissant des assignations à résidence et sera réitérée pour les autres mesures d'application de l'état d'urgence : « *Il appartient au Conseil d'Etat statuant en référé de s'assurer, en l'état de l'instruction devant lui, que l'autorité administrative, opérant la conciliation nécessaire entre le respect des libertés et la sauvegarde de l'ordre public, n'a pas porté d'atteinte grave et manifestement illégale à une liberté fondamentale, que ce soit dans son appréciation de la menace que constitue le comportement de l'intéressé, compte tenu du péril imminent ou de la calamité publique ayant conduit à la déclaration de l'état d'urgence, ou dans la détermination des modalités de l'assignation à résidence ; que le juge des référés, s'il estime que les conditions définies à l'article L 521-2 du CJA sont réunies, peut prendre toute mesure qu'il juge appropriée pour assurer la sauvegarde de la liberté fondamentale à laquelle il a été porté atteinte* ».

De même, dans l'exercice de son contrôle le Conseil d'Etat n'hésite pas à accueillir des moyens fondés sur la violation de la CEDH, notamment son article 8.

Un auteur a précisé que les Tribunaux administratifs et le Conseil d'Etat ont été saisis de 1147 recours en deux ans, dont 600 contre les mesures d'assignation à résidence : le taux de remise en cause atteint 23,7 %, soit un peu plus que le contentieux classique des mesures de police. On ne voit pas pourquoi il en irait autrement de l'application de la loi de 2017.

5. Perspectives

Quel avenir prédisez-vous ? Le transfert de compétences du juge judiciaire vers le juge administratif a-t-il vocation à s'étendre ou, au contraire, peut-on envisager une « reprise en main » par le juge judiciaire ?

Pauline Le Monnier de Gouville.

Dans son avis du 15 juin 2017[1], le Conseil d'État préconisait « *une bonne articulation des procédures judiciaires et administratives* ». L'évolution de la politique criminelle de ces dernières années pose la question de la pertinence du critère de distinction entre polices administrative et judiciaire, et au-delà celle du transfert de compétences vers l'un ou l'autre juge, judiciaire ou administratif.

La doctrine a pu, à cet égard, s'interroger sur une éventuelle simplification des procédures, en unifiant les régimes applicables et transférant le contentieux au juge judiciaire[2]. Une telle solution

---

[1] CE, avis, 15 juin 2017, n° 393348.

[2] Pour une analyse des propositions formulées, et la formulation d'autres propositions, voir T. HERRAN, « La distinction police administrative et police judiciaire et la simplification de la procédure pénale : quelles perspectives ? », préc.

reviendrait à supprimer tout simplement le dualisme juridictionnel et la singularité de la police administrative, dont la mission ne se résume pas aux seules mesures de lutte contre le terrorisme (que l'on songe à la préservation de l'ordre public général, aux polices spéciales - de l'environnement, du cinéma et de l'audiovisuel, etc.). Cela violerait en outre le principe de séparation des pouvoirs et notamment celle des autorités administrative et judiciaire, principe proclamé par la loi des 16 et 24 août 1790 relative à l'organisation judiciaire et réaffirmé par la loi du 16 fructidor an III. Partant, l'idée serait davantage de proposer un nouveau critère de distinction des polices administrative et judiciaire, précis et opérationnel, fondé sur le résultat engendré par la mesure, à savoir l'atteinte aux libertés individuelles.

A minima, l'on pourrait concevoir d'étendre le contrôle du juge judiciaire aux mesures individuelles de surveillance et de contrôle administratif, dès lors que celles-ci portent atteinte à la liberté d'aller et venir et participent d'une logique d'instruction préventive. Si le contrôle est prévu pour les visites et saisies, *a fortiori* il devrait l'être également pour les mesures de surveillance et de contrôle. Au-delà, il ne s'agit pas d'inclure dans le champ de la liberté individuelle toutes les restrictions à la liberté d'aller et venir, mais seulement, comme le suggère un auteur[1], celles revêtant un caractère individuel : surveillance et contrôle administratif, donc, mais aussi interdiction de territoire, créée en 2014, retenue pour vérification de situation administrative, contrôle administratif des retours sur le territoire national, instaurés en 2016, voire également les techniques de renseignement, introduites en 2015, qui portent, elles, atteinte au respect de la vie privée. La démarche est d'autant plus plausible que c'est bien un juge *des* libertés, et non de *la* liberté, qui a été créé, prophétie heureuse des parlementaires, en 2000, que d'avoir retenu cette dénomination, tandis que certains députés envisageaient de restreindre son office à la seule détention[2].

---

[1] J.-B. PERRIER, « Le juge judiciaire et l'état d'urgence », *RFDA* 2017, p. 949.
[2] Projet de loi n° 1079, *renforçant la protection de la présomption d'innocence et les droits des victimes*, déposé à l'Assemblée nationale le 16 sept. 1998.

Surtout, si l'on acte cette confusion des polices administrative et judiciaire, due à la mutation de la procédure et à une convergence des luttes contre le terrorisme, l'occasion est peut-être donnée, par effet de miroir entre les mesures de police, de renforcer, alors, les garanties entourant certaines mesures de police judiciaire, à commencer par les perquisitions pénales : présence d'un avocat, autorisation *a priori*, contrôle en temps réel, recours contre l'ordonnance d'autorisation puis contre le déroulement de l'opération[1], à l'instar de ce qui existe déjà pour les visites et saisies réalisées par certaines administrations (fiscales, douanières, etc.) mais aussi, donc, pour les visites et saisies de sécurité intérieure. Rien ne justifie que l'atteinte aux libertés soit moins encadrée dans le cadre d'une procédure judiciaire, *a fortiori* lorsqu'il existe des soupçons à l'encontre d'un individu. La loi précitée du 23 mars 2019 semble, certes, aller dans ce sens, en instaurant un recours en annulation devant le juge des libertés et de la détention, dans un délai de six mois suivant la réalisation de la mesure si la personne n'a pas été poursuivie depuis[2]. Mais les prévisions sont loin, encore, d'aboutir à un dispositif aussi protecteur que celui dont bénéficient les visites et saisies de sécurité intérieure. Dispositif protecteur, lequel résonne, au fond, comme l'aveu - ou désaveu - du législateur de 2017 d'une politique pénale hautement attentatoire aux libertés, hors de tout soupçon et de critères tangibles d'application.

---

[1] Voir P. Le MONNIER de GOUVILLE, « La mutation du juge des libertés et de la détention », *AJ pénal* 2019, p. 131.
[2] Art. 802-2 du Code de procédure pénale.

XI. À la recherche d'un équilibre dans le contrôle de la contrainte par la Cour européenne des droits de l'homme : le cas de la liberté de manifestation

Hélène Tourard
Maître de Conférences à l'Université de Bourgogne

Liberté de manifestation et maintien de l'ordre entretiennent des relations houleuses depuis toujours. Cependant deux phénomènes particuliers renouvellent le débat : le hooliganisme et la contestation sociale violente. L'actualité récente montre une tendance à une escalade de la violence aussi bien du côté des manifestants et que de celui des policiers et gendarmes. Dans son rapport de 2019, la Commissaire aux droits de l'homme du Conseil de l'Europe « condamne fermement le recours à la violence comme modalité d'expression de toute forme de mécontentement ou de désapprobation à l'égard de décisions prises par des institutions démocratiquement désignées opérant dans le respect des principes de la prééminence du droit »[1]. Mais elle souligne également « que si un Etat peut se voir autorisé à faire usage de la force afin, notamment, de rétablir l'ordre, un tel usage ne doit intervenir qu'en dernier ressort et dans le strict respect des conditions de nécessité et de proportionnalité »[2]. De son côté, le Défenseur des droits, dans son rapport d'activités remis en mars 2019, dénonce la restriction de la liberté de manifester en France : « les problématiques du maintien de l'ordre doivent être appréhendées aujourd'hui moins en termes de moyens ou de « surenchère », que dans une approche de pacification de la police

[1] Commissaire aux droits de l'homme du Conseil de l'Europe, « Mémorandum sur le maintien de l'ordre et la liberté de réunion dans le contexte du mouvement des « gilets jaunes » en France », 26 février 2019 CommDH(2019)8 Version originale.
[2] *Ibid.*

urbaine conformément aux principes fondamentaux d'une gestion démocratique des foules contestataires »[1].

Il faut souligner que la liberté de manifestation présente la particularité de ne pas faire l'objet d'une consécration textuelle explicite, en raison de la « dualité de la notion » : à la fois pivot d'une société démocratique comme moyen d'expression des citoyens et risque pour les autorités dans la contestation de leur action et dans leur mission de maintien de l'ordre public[2]. Les tribunaux vont consacrer la liberté de manifestation en la rattachant soit à la liberté d'expression soit à la liberté de réunion. Ainsi, le Conseil constitutionnel français, utilisant les articles 10 et 11 de la Déclaration des droits de l'homme et du citoyen, va reconnaitre, dans une décision du 18 janvier 1995, un « droit d'expression collective des idées et des opinions » dont le droit de manifester est une composante implicite[3]. Ce fondement constitutionnel est rappelé dans la décision du 4 avril 2019 relative à la loi dite « anti-casseurs »[4].

La Cour européenne des droits de l'homme (ci-après CourEDH) rattache la liberté de manifestation à la liberté de réunion garantie par l'article 11 de la Convention tout en reconnaissant une autonomie par rapport à l'article 10 sur la liberté d'expression[5] : l'article 10 doit être regardé comme la loi générale en relation

---

[1] C. ANGELI-TROCCAZ, « la déontologie de la sécurité », in *Rapport annuel d'activité 2018 du Défenseur des droits*, p.59-64, p.59.

[2] C. DENIZEAU, « La liberté de manifestation en droit européen », in *La liberté de manifester et ses limites : perspective de droit comparé* (sous la direction de A. DUFFY, T. PERROUD, O. LE BOT, K. ROUDIER, C. DENIZEAU), *La Revue des Droits de l'Homme* 2017, https://revdh.revues.org/2956. hal-01468029 p. 20-31.

[3] T. GUILLY, « La liberté de manifestation, un droit introuvable ? » *RFDA* 2015, p.499.

[4] Cons. const. 4 avril 2019, n° 2019-780 DC Loi visant à renforcer et garantir le maintien de l'ordre public lors des manifestations, paragraphe 8 : « La liberté d'expression et de communication, dont découle le droit d'expression collective des idées et des opinions, est d'autant plus précieuse que son exercice est une condition de la démocratie et l'une des garanties du respect des autres droits et libertés. Il s'ensuit que les atteintes portées à l'exercice de cette liberté et de ce droit doivent être nécessaires, adaptées et proportionnées à l'objectif poursuivi ».

[5] C. DENIZEAU, « La liberté de manifestation en droit européen », *op. cit.* p.22.

avec l'article 11, loi spéciale[1]. Mais la protection des opinions individuelles garantie par l'article 10 est l'un des objectifs de la liberté de réunion pacifique inscrite à l'article 11[2]. Ainsi, considérée comme un sous-produit, tantôt de la liberté de réunion, tantôt de la liberté d'expression, la liberté de manifester peine à trouver sa place dans l'ordre juridique[3].
Par le biais de la définition de la manifestation et des manifestants donnée par les différentes juridictions nationales ou européennes, on peut déterminer les traits caractéristiques de la liberté de manifestation. Ainsi, la Cour constitutionnelle allemande définit la manifestation comme « un rassemblement visant à participer à la formation d'opinions », comme étant « la représentation physique de convictions communes »[4] et elle définit le manifestant à l'aune de l'élément subjectif que constitue le partage « de convictions communes ». La Cour de cassation française apporte quelques éléments supplémentaires à cette définition en considérant la manifestation comme « tout rassemblement, statique ou mobile, sur la voie publique d'un groupe organisé de personnes aux fins d'exprimer collectivement et publiquement une opinion ou une volonté commune »[5]. La CourEDH retient que la manifestation est « une forme d'expression des idées, des opinions et des prises de position », en cela « elle se distingue de simples rassemblements festifs ou d'autres activités sociales »[6]. Les manifestants ont pour objectif « d'exercer leur droit à la liberté d'expression, attirer l'opinion publique pour réfléchir à leur propos, et l'informer sur des questions sociétales ainsi qu'afficher leurs idées publiquement »[7]. Ces définitions soulignent bien le lien entre liberté de manifestation et liberté d'expression et de réunion.

---

[1] CEDH 26 avril 1991, Ezelin contre France, n°11800/85, § 35.
[2] *Ibid.* §37.
[3] R. LETTERON, « Les débris de la loi anti-casseurs », *AJ Pénal* 2019.259.
[4] P.-H. BOLL et B. NGOTO, « La jurisprudence constitutionnelle allemande au secours de la liberté de crier « les poulets hors de la manifestation ! » », *La Revue des droits de l'homme* [En ligne], Actualités Droits-Libertés, mis en ligne le 11 septembre 2014.
[5] R. LETTERON, « Les débris de la loi anti-casseurs », *op. cit.*
[6] CEDH, 25 mai 2016, Süleyman Çelebi et autres c. Turquie, req. n° 37273/10 et al., §109.
[7] *Ibid.*

Le paragraphe 2 des articles 8 à 11 de la Convention européenne des droits de l'homme (ci-après CEDH) prévoit les modalités du recours à des restrictions des libertés par les Etats parties : prévues par la loi, nécessaires dans une société démocratique et proportionnées à l'objectif poursuivi (la sécurité nationale, la sûreté publique, la défense de l'ordre et la prévention du crime, la protection de la santé ou de la morale, ou la protection des droits et libertés d'autrui). Il s'agit de trouver le juste équilibre entre les libertés individuelles et l'intérêt général. Dans le cadre de l'usage de la contrainte, l'intérêt général en cause est plus particulièrement l'ordre et la sécurité publics. Les atteintes à la liberté de manifestation peuvent prendre la forme soit de restrictions soit d'une interdiction. Les États sont libres d'assurer le respect de la liberté de manifestation par un régime de déclaration, c'est-à-dire un système de notification préalable leur permettant de faciliter l'exercice de ce droit, de prendre des mesures pour protéger la sécurité publique et/ou l'ordre public et de garantir les droits et les libertés du reste de la population. Les autorités peuvent par ailleurs interdire une manifestation à condition que les menaces pour la sécurité ou l'ordre publics soient suffisamment caractérisées. La « nécessité » de l'interdiction s'apprécie au regard d'un « besoin social impérieux », qui rend impossible l'exercice de la liberté de manifester[1]. Ainsi, dans une décision Alekseyev contre Russie du 21 octobre 2010, la Cour a sanctionné l'interdiction, trois années de suite, de la Gay Pride par le maire de Moscou, cette mesure ne reposant pas sur des motifs d'ordre public mais d'homophobie[2].

Le Conseil constitutionnel se situe dans la même perspective puisqu'il n'a pas validé l'interdiction administrative de manifester contenue à l'article 3 de la loi dite anti-casseurs du 10 avril

---

[1] C. DENIZEAU, « La liberté de manifestation en droit européen », *op. cit.* p.27.

[2] CEDH, 21 oct. 2010, Alekseyev c. Russie, req. no 4916/07 et Alekseyev et autres c. Russie du 27 novembre 2018, req. n°14988/09 : la principale motivation du refus d'autorisation des événements LGBT était la réprobation morale, illustrée par des déclarations publiques dans lesquelles le maire de Moscou avait proclamé son opposition personnelle à ces rassemblements.

2019[1] : le législateur est censuré pour manque de précision car les dispositions contestées laissaient à l'autorité administrative une latitude excessive dans l'appréciation des motifs susceptibles de justifier l'interdiction de manifester[2]. On peut cependant en conclure que ce n'est pas l'interdiction préventive de manifester qui est déclarée contraire à la Constitution mais les conditions dans lesquelles l'administration pouvait la prononcer[3].

Laissant de côté l'interdiction de manifestation, nous nous intéresserons uniquement aux restrictions, résultant de l'usage de la contrainte : arrestation, détention, dispersion ou encagement[4]. Le terme d'arrestation fait ici référence à toute privation de liberté et ne se limite pas aux arrestations formelles en vertu de la législation nationale[5]. La jurisprudence européenne prend le soin de préciser que l'utilisation de la force doit rester proportionnée aux buts légitimes de prévention des désordres et de protection des droits d'autrui, que ce soit en réponse à un trouble à la vie ordinaire ou pour réduire les actes de violence de certains manifestants. Cependant, un arrêt de la Cour européenne de 2018 a été perçu par la majorité de la doctrine comme un revirement dans l'appréciation de l'équilibre entre la liberté et la sécurité. En effet, dans l'arrêt S. V. A. contre Danemark rendu en grande chambre à 15 voix contre 2, la Cour a admis une détention préventive en dehors de toute procédure pénale ultérieure pour des supporters de foot classés parmi les hooligans. Il est dès lors intéressant de présenter la jurisprudence de la Cour qui assure la protection de la liberté de manifestation contre un usage arbitraire de la contrainte, tout en prenant en considération les difficultés rencontrées par les Etats

---

[1] O. DUFOUR, « La loi anti-casseurs censurée », *Gaz.Pal.* 9 avril 2019, n°14, p.7. Décision n° 2019-780 DC du 4 avril 2019 Loi visant à renforcer et garantir le maintien de l'ordre public lors des manifestations.

[2] Voir la communication de Marthe Bouchet.

[3] O. DUFOUR, « La loi Anti-casseurs censurée », *op. cit.*

[4] Également appelé « kettling », qui consiste à retenir les manifestants à l'intérieur d'un cordon de police pendant le temps nécessaire au rétablissement de l'ordre. Pour une critique voir le *Rapport du Défenseur des droits*, de décembre 2017 sur le maintien de l'ordre au regard des règles de déontologie.

[5] P. GARDIEN, « Les dangers de l'interdiction administrative de manifester », *La Revue des droits de l'homme* [En ligne], Actualités Droits-Libertés, mis en ligne le 16 juin 2015.

pour garantir le maintien de l'ordre public face à l'utilisation de la violence dans certaines manifestations.
Si l'on peut constater une tendance actuelle de la Cour à faire primer la sécurité, il ne faut pas sous-évaluer le souci marqué de la Cour de garantir la liberté de manifestation afin d'atteindre le délicat équilibre entre liberté et sécurité.

1. La garantie de la liberté de manifestation face à la contrainte

La CEDH et son interprétation par la Cour européenne ont posé un certain nombre de principes permettant de trouver un équilibre entre l'exercice de la liberté de manifestation par les individus et le maintien de l'ordre public par les autorités nationales. Le premier principe est l'encadrement assez strict des mesures de restriction ou de privation de liberté pouvant être prises par les autorités nationales. Le second principe est l'insertion de la liberté de manifestation dans le contexte général de protection d'une société démocratique, pilier de la CEDH et du Conseil de l'Europe.

1.1. L'encadrement des mesures d'arrestation permises

Lorsqu'un État invoque la sécurité nationale et la protection de l'ordre public pour imposer des restrictions à l'organisation d'une réunion, il doit prouver la nature précise de la menace et les risques spécifiques encourus. L'État ne peut pas se contenter de se référer de manière générale à la situation en matière de sécurité[1]. Une ingérence dans la liberté de réunion impliquant son interruption ou sa dispersion ou l'arrestation de participants ne peut être justifiée que sur la base de motifs de fond spécifiques et avérés, tels que des risques sérieux pour l'ordre public et après que les participants ont effectivement pu exprimer leur opinion[2].

---

[1] J.-P. FREDERIC, « La judiciarisation du maintien de l'ordre public : des maux... aux actes ! », *AJ Pénal* 2013 p. 208.
[2] Guide on Article 11 of the European Convention on Human Rights, freedom of assembly and association, First edition 31 august 2019.

De même, les mesures préventives intrusives ne devraient pouvoir être utilisées que s'il existe une menace manifeste et imminente de violence[1]. La CourEDH a précisé que toute manifestation dans un lieu public est susceptible de causer un certain désordre pour le déroulement de la vie quotidienne. Mais cela n'implique pas qu'un individu cesse de jouir de son droit à la liberté de réunion « en raison d'actes de violence sporadiques ou d'autres actes répréhensibles commis par d'autres personnes au cours de la manifestation, dès lors que les intentions ou le comportement de cette personne demeurent pacifiques »[2]. Le recours à la contrainte pour maintenir l'ordre ne peut se faire de manière indiscriminée, c'est-à-dire sans distinction entre manifestant et simple passant[3]. Or, on se trouve aujourd'hui face à une tendance des autorités à criminaliser la rue, certains manifestants étant considérés comme « malfaiteur présumé »[4]. Par exemple, l'article 222-14-2 du Code pénal français permet aux policiers de mener des « interpellations préventives » en se fondant sur l'existence d'« un groupement, même formé de façon temporaire, en vue de la préparation, caractérisée par un ou plusieurs faits matériels, de violences volontaires contre les personnes ou de destructions ou dégradations de biens ». Ainsi, toute personne de noir vêtue qui prend part à une manifestation dans laquelle un black bloc se constitue est susceptible d'être interpellée et poursuivie avant même qu'une infraction soit commise[5]. De la même manière, le mouvement altermondialiste est considéré comme l'émergence d'une « nouvelle menace » à l'ordre public « nécessitant des réactions plus catégoriques de la part des autorités »[6]. Dans le cadre de la gestion d'une manifestation, il peut y avoir violation de l'article 5-1 CEDH qui prévoit limitativement les cas

---

[1] *Ibid.*
[2] CEDH, Frumkin contre Russie, 5 janvier 2016, req. 74508/12, §159.
[3] CEDH, Süleyman Çelebi et autres contre Turquie, 25 mai 2016, op.cit. § 111.
[4] O. CAHN, « La répression des "black blocs", prétexte à la domestication de la rue protestataire », *Archives de politique criminelle*, 2010-1, n°32, p.165-218, p.182.
[5] O. CAHN, « La répression des "black blocs", prétexte à la domestication de la rue protestataire », *op.cit.* p. 183.
[6] *Ibid.* p.202.

dans lesquels une restriction ou une privation de liberté sont autorisées, violation entraînant également le non-respect de l'article 11. Ainsi, l'article 5-1 b) n'autorise la détention que dans le cas où cette mesure vise à « garantir l'exécution » d'une obligation prescrite par la loi. Il faut donc, d'une part, que la personne concernée par cette mesure soit débitrice d'une obligation non exécutée, et, d'autre part, que son arrestation et sa détention visent à garantir l'exécution de cette obligation sans revêtir un caractère punitif[1]. Il s'agit d'accorder aux individus des « garanties judiciaires contre l'arbitraire policier et administratif qui pourrait conduire à les priver de liberté »[2]. L'obligation doit être spécifique et concrète ce qui signifie que la personne concernée doit en avoir une connaissance précise, et avoir délibérément refusé de l'exécuter[3]. Il ne s'agit donc pas de punir une personne mais de la retenir, afin de la contraindre à exécuter une obligation qui lui incombe et qu'elle a négligé de remplir. Cette condition d'une obligation concrète et déterminée a été réaffirmée dans le cas particulier des hooligans[4], notamment l'obligation de quitter un lieu déterminé[5].

L'alinéa c) de l'article 5-1 autorise, quant à lui, trois cas de privation de liberté : lorsqu'il y a soupçon de commission d'infraction, pour empêcher la commission d'une infraction ou pour empêcher la fuite après la commission d'une infraction. Dans les trois situations, il faut que la mesure soit prise en vue d'une procédure pénale, c'est-à-dire dans le but de conduire l'individu devant l'autorité judiciaire compétente. Le critère de nécessité qui s'applique au second volet de l'article 5-1 c) exige que des mesures moins sévères aient été envisagées et jugées insuffisantes pour sauvegarder l'intérêt privé ou public. De manière à ce que la privation de liberté puisse être justifiée par le second volet de l'article 5-1-c), il faut que les autorités démontrent de manière convaincante

---

[1] Guide sur l'article 5 de la Convention – Droit à la liberté et à la sûreté Cour européenne des droits de l'homme 22/57 Mise à jour : 31.12.2018.

[2] Opinion dissidente de M. le juge VALTICOS, approuvée par M. le juge MATSCHER, CEDH, Ciulla contre Italie, 22 février 1989, req. 11152/84.

[3] CEDH Ciulla contre Italie, *op. cit.* §38.

[4] R. LETTERON, « La rétention préventive des hooligans devant la CEDH », 28 octobre 2018 libertescheries.blog.

[5] CEDH, Epple contre Allemagne, 15 décembre 2005, req. 77909/01.

que, selon toute probabilité, l'intéressé aurait participé à la commission d'une infraction concrète et déterminée s'il n'en avait pas été empêché par une arrestation[1]. L'infraction en question doit être grave, c'est-à-dire comporter un risque d'atteinte à la vie ou à l'intégrité physique des personnes ou un risque d'atteinte importante aux biens.

Il ressort de ces interprétations de l'article 5-1 CEDH que la Cour européenne est particulièrement vigilante afin d'encadrer strictement le recours par les Etats parties aux mesures préventives de privation de liberté contre des manifestants. Elle montre ainsi son attachement à la liberté de manifestation comme élément fondamental d'une société démocratique.

1.2. L'importance de la liberté de manifestation dans une société démocratique

La Cour rappelle régulièrement l'importance de la liberté de réunion pour une société démocratique. La capacité de se rassembler et d'agir collectivement est fondamentale pour l'expression des idées et la promotion d'une citoyenneté engagée. Les réunions peuvent contribuer utilement au renforcement des systèmes démocratiques et, parallèlement aux élections, jouent un rôle fondamental dans la participation de la population en plaçant les gouvernements face à leurs responsabilités et en permettant l'expression de la volonté du peuple dans le cadre des processus démocratiques[2]. La liberté de réunion pacifique constitue un élément essentiel de la vie politique et sociale d'une démocratie dont la Cour européenne des droits de l'homme a jugé que l'essence réside dans sa capacité à résoudre les problèmes par le débat public[3].

La liberté d'expression et de communication, dont découle le droit d'expression collective des idées et des opinions, est d'autant plus précieuse que son exercice est une condition de la

[1] Guide sur l'article 5 de la Convention, *op. cit.*

[2] J. FERRERO, « La liberté de manifestation en droit international : illustration des limites de l'emprise du droit international sur les pratiques nationales », *Jus Politicum*, n° 17.

[3] CEDH, Stankov et autres contre Bulgarie, 29221/95, 2 octobre 2001, req. §97.

démocratie et l'une des garanties du respect des autres droits et libertés. Il s'ensuit que les atteintes portées à l'exercice de cette liberté et de ce droit doivent être nécessaires, adaptées et proportionnées à l'objectif poursuivi[1]. La Cour a récemment rappelé que la liberté de réunion comme un des fondements d'une société démocratique est soumise à limitations qui doivent être appréciées strictement et dont la nécessité doit être établie de manière convaincante[2].

L'arrêt Navalnyy contre Russie, rendu en 2018 à l'unanimité par la Grande Chambre, montre bien que la Cour se pose comme rempart contre des atteintes injustifiées à la liberté de manifestation qui auraient pour but de brider toute contestation du pouvoir en place[3]. La Chambre et la Grande Chambre sont arrivées à la même conclusion de la violation de l'article 5-1 pour absence de poursuite d'un but légitime. Tous les événements auxquels avait participé M. Navalnyy, opposant politique, étaient des réunions pacifiques qui n'ont guère causé de troubles. Aucun besoin social impérieux n'ayant été démontré, l'arrestation et la sanction du requérant apparaissaient comme une réaction disproportionnée. Aux faits de l'espèce s'ajoute le contexte des lacunes structurelles de la réglementation russe car les conditions pour l'organisation de certaines réunions publiques sont restrictives et les autorités disposent d'une très grande latitude pour procéder en la matière à des privations de liberté immédiates, voire à des sanctions de nature pénale. Dans cette affaire, la Grande Chambre a également conclu à la violation de l'article 18 CEDH[4], sur laquelle la chambre ne s'était pas prononcée, en combinaison tant avec l'article 5 qu'avec l'article 11 de la Convention car les restrictions imposées au requérant « poursuivaient

---

[1] F. CHALTIEL, « L'équilibre entre sécurité et liberté devant le juge constitutionnel », *LPA* n°138, 11 juillet 2019, p. 7.

[2] CEDH, Chernega contre Ukraine, 18 juin 2019 req. 74768/10, §219. Dans cette affaire, la possible confusion chez les requérants quant à l'auteur de l'ordre et à la manière précise de s'y conformer, la gravité de la peine infligée aux premier et deuxième requérants démontrent un manque de proportionnalité conduisant la Cour à juger qu'il y a eu violation de l'article 11 CEDH (§254-258).

[3] CEDH, Navalnyy contre Russie, 15 novembre 2018, req. 29580/12.

[4] « Les restrictions qui, aux termes de la présente Convention, sont apportées auxdits droits et libertés ne peuvent être appliquées que dans le but pour lequel elles ont été prévues ».

le but inavoué (qui atteint une gravité significative) d'étouffer le pluralisme politique, attribut du « régime politique véritablement démocratique » encadré par la « prééminence du droit »[1].

Le recours à la violence par les hooligans et les black blocs, voire par les manifestants eux-mêmes, a modifié l'appréhension de la liberté de manifestation par les autorités policières. Face à cette situation, la Cour européenne des droits de l'homme garantit une large autonomie des États dans la définition des doctrines de maintien de l'ordre et l'évolution de sa jurisprudence est décriée comme sacrifiant la liberté aux besoins de sécurité des États.

2. Une primauté de la sécurité sur la liberté ?

Le recours à la violence dans le cadre ou à l'occasion des manifestations sportives et le phénomène des casseurs infiltrant des manifestations légitimes ont un impact important sur la liberté de manifestation en accentuant les dangers d'atteinte à l'ordre public, conduisant à une réponse plus musclée des autorités. L'évolution des pratiques policières est d'abord conditionnée par la modification des formes d'expression empruntées par ces manifestants. Ainsi, le black bloc refuse de se soumettre à la règle de la « mise à distance » pour rechercher la confrontation directe, ne laissant aux forces de l'ordre que le choix de l'escalade ou du retrait[2]. Les forces de l'ordre ont fait évoluer leur doctrine traditionnelle d'éviter les contacts physiques entre manifestants et forces de l'ordre et de ne faire usage de la force qu'en dernier recours[3]. Dans ce contexte, la Cour européenne des droits de

---

[1] *Ibid.* §175. La doctrine se réjouit de la place nouvelle accordée à l'article 18 CEDH. Voir T. BESSE, « Article 18 de la Convention et critère du "but prédominant" : la Cour de Strasbourg persiste et signe », *AJ Pénal* 2019.42.

[2] O. CAHN, « La répression des "black blocs", prétexte à la domestication de la rue protestataire », *op. cit.* p. 201.

[3] A. COIGNAC, « Droit de manifester : toujours une liberté ? », *Dalloz actualité* 04 octobre 2019 : « Le black bloc est un rassemblement spontané, éphémère, sans hiérarchie, d'individus habillés de noir, masqués, qui justifient la violence contre les représentations de l'État par la violence intrinsèque de celui-ci ». Voir également J. MARGOT, « De l'urgence de réviser le régime juridique d'emploi de la force en situation insurrectionnelle ou le petit matin après le Grand Soir », *JCP A*, n°7, 18 février 2019, 2052.

l'homme, qui a tendance à valider le recours aux mesures préventives par les forces de l'ordre, est dénoncée par les défenseurs des libertés fondamentales comme favorisant la sécurité au détriment de la liberté. Cette évolution jurisprudentielle, datant des années 2010, se prête à plusieurs explications possibles montrant les difficultés à trouver un équilibre dans le contrôle de l'usage de la contrainte.

2.1. Un renforcement des pouvoirs de police pour garantir l'ordre public

C'est d'abord dans le cadre des manifestations sportives que les techniques de maintien de l'ordre ont dû évoluer pour faire face à l'usage de la violence par les supporters. La législation s'est également adaptée, ainsi du Code du sport français qui comporte quatorze incriminations pénales définies aux articles L-332-1 à L-332-21 visant les organisateurs et surtout les spectateurs, présents dans l'enceinte sportive ou sur un lieu de retransmission en public d'une manifestation sportive. Une sanction administrative d'interdiction de manifestation sportive a été introduite qui peut aller jusqu'à 5 ans et vise aussi le fait de se rendre aux abords des enceintes où des manifestations sportives se déroulent ou sont retransmises en public[1]. De plus, la contestation sociale dans laquelle les syndicats ont perdu le monopole de l'organisation des manifestations conduit à des rassemblements spontanés et éphémères, « organisé(e)s à partir des réseaux sociaux et ignorant les procédures légales en matière de déclaration des manifestations »[2], qui bouleversent le schéma traditionnel de réaction des autorités publiques. « L'absence d'organisateurs identifiés empêche la mise en œuvre du régime déclaratoire, complique les éventuelles négociations mais aussi le maintien de l'ordre et la réponse pénale »[3]. Les forces de police vont alors avoir recours

---

[1] P. PONCELA, « La pénalisation des comportements dans l'espace public », *Archives de politique criminelle* 2010/1 n° 32, p. 5 à 21, p.16.
[2] R. LETTERON, « Les débris de la loi anti-casseurs », *op. cit.*
[3] *Ibid.*

aux « interpellations préventives »[1] ou les autorités vont se tourner vers l'interdiction préventive de l'activité, la réunion, ou la manifestation concernée, au regard du risque de trouble à l'ordre public, et en l'absence de la commission de toute infraction[2].
Comme rappelé précédemment, l'article 5-1-b et c de la CEDH prévoit les cas dans lesquels une privation préventive de liberté est possible. Or face au nouvel usage des mesures préventives, la Cour a essayé d'adapter sa jurisprudence, au prix d'une interprétation renouvelée de la Convention, fortement critiquée en doctrine. Les exigences de l'article 5-1-b ou c ne permettaient pas de considérer ces nouvelles méthodes policières comme conformes à la CEDH[3].
On peut distinguer trois temps dans la jurisprudence de la Cour aboutissant à une forme de primauté de l'ordre public sur la liberté de manifestation. Le premier infléchissement a lieu avec l'arrêt Austin contre Royaume-Uni de 2012[4], concernant la technique du « kettling », ou confinement de précaution, évaluée comme conforme à l'article 11 en raison de l'inapplicabilité de l'article 5[5]. En effet, le « kettling » n'est pas considéré comme une privation de liberté, la mesure étant prise pour maintenir l'ordre. Or la Cour a toujours dit que l'objectif d'une mesure ne peut être pris en compte pour apprécier s'il y a eu ou non privation de liberté. Ces éléments ne sont pertinents que pour apprécier si celle-ci se justifie au regard des buts énumérés aux alinéas a) à f) de l'article 5-1[6]. En tenant compte du contexte et des circonstances spécifiques des restrictions de liberté, la Cour les fait sortir du champ d'application de l'article 5 et donc de

[1] L'article 222-14-2 du Code pénal autorise les interpellations préventives en se fondant sur l'existence d'« un groupement, même formé de façon temporaire, en vue de la préparation, caractérisée par un ou plusieurs faits matériels, de violences volontaires contre les personnes ou de destructions ou dégradations de biens ».
[2] P. GARDIEN, « Les dangers de l'interdiction administrative de manifester », *op. cit.* p. 4.
[3] J.-P. MARGUENAUD, « La garde à vue préventive des hooligans », RSC 2013 p. 653.
[4] CEDH Austin contre Royaume-Uni, Gr. Ch, 15 mars 2012, req. 39692/09.
[5] R. LETTERON « Les débris de la loi anti-casseurs », *op. cit.*
[6] Opinion dissidente commune des juges TULKENS, SPIELMANN ET GARLICKI sous l'arrêt Austin, §7.

l'exigence de correspondre à l'une des justifications aux privations de liberté limitativement énumérées par cet article. Trois juges minoritaires ont qualifié la solution de « blanc-seing donné aux États »[1]. En effet, la mesure policière est mise en balance avec les nécessités de l'ordre public pour savoir si cette mesure relève du champ d'application de l'article 5, et non pas pour déterminer s'il y a eu ou non violation du droit à la liberté et à la sûreté[2]. La doctrine a majoritairement reproché à la Cour cette nouvelle interprétation de l'article 5, qui l'amène à affirmer que la police doit jouir d'une certaine marge d'appréciation dans l'adoption de décisions opérationnelles et que l'article 5 ne saurait « s'interpréter de manière à l'empêcher de remplir ses devoirs de maintien de l'ordre et de protection du public »[3]. Consciente des implications de la solution retenue, la Cour émet deux réserves, plus formelles que réelles : les restrictions temporaires à la liberté de mouvement doivent respecter le principe de protection de l'individu contre l'arbitraire, et compte tenu de l'importance fondamentale de la liberté d'expression et de la liberté de réunion dans toute société démocratique, les autorités nationales doivent se garder d'avoir recours à des mesures de contrôle des foules afin, directement ou indirectement, d'étouffer ou de décourager des mouvements de protestation[4].

Dans son rapport de décembre 2017 sur le maintien de l'ordre[5], le Défenseur des droits consacrait un point sur la nasse ou l'encagement qui « ne fait pas partie des enseignements officiels et n'a pas de base légale »[6], la préfecture de police le présentant comme un « moyen de prévenir ou de mettre fin à un trouble à l'ordre public »[7]. L'autorité indépendante plaidait pour laisser une

---

[1] *Ibid.*

[2] N. HERVIEU, « Privation de liberté et ordre public : une regrettable révolution copernicienne dans la jurisprudence européenne (CEDH, G.C. 15 mars 2012, Austin et autres c. Royaume-Uni) », *CPDH* 22 mars 2012.

[3] § 56 de l'arrêt.

[4] A. SCHILL, « Droit à la liberté et à la sûreté. – Technique du « kettling » comme mesure de contrôle des foules lors de manifestations au Royaume-Uni. – Article 5 (Non-violation) », *JDI* 2013-4, p.1229.

[5] Rapport du Défenseur des droits sur « le maintien de l'ordre au regard des règles de déontologie », Décembre 2017.

[6] *Ibid.* p. 39.

[7] *Ibid.* p. 40.

échappatoire aux personnes encerclées ainsi qu'instaurer un cadre légal à cette technique[1].

Le deuxième infléchissement a lieu avec l'arrêt Ostendorf contre Allemagne de 2013[2] qui porte sur l'interprétation de l'article 5-1-b, afin de déterminer si une obligation générale de préserver l'ordre public en s'abstenant de commettre une infraction peut constituer une obligation prescrite par la loi « suffisamment spécifique et concrète ». La réponse est positive pour la Cour à condition que le lieu et le temps de l'infraction imminente et des potentielles victimes aient été suffisamment identifiés[3]. On inclut alors dans l'article 5-1-b l'obligation légale de faire ce que la police a dit de faire alors que le texte énonce une obligation « prescrite par la loi »[4]. Cet élargissement de l'article 5-1-b se fait en refusant d'élargir l'article 5-1-c alors que des juges minoritaires militaient pour une nouvelle interprétation de cette disposition, incluant le droit d'être jugé dans un délai raisonnable « en vue de l'examen du problème de la privation de liberté »[5], donc pas forcément dans le cadre d'une procédure pénale. Les deux juges minoritaires considéraient que, dans des situations de danger vital pour la sécurité publique, les autorités devraient avoir la possibilité de détenir une personne pour une courte période afin de l'empêcher de commettre une infraction, même sans envisager que des poursuites pénales soient ensuite engagées contre elle[6]. Les juges proposaient une sorte de retour à la jurisprudence Lawless qui prévoyait l'obligation de présenter devant un juge toute personne arrêtée soit pour examiner la question de la privation de liberté soit pour juger sur le fond[7].

---

[1] A. COIGNAC, « Droit de manifester : toujours une liberté ? », *op. cit.*

[2] CEDH, Ostendorf contre Allemagne, 7 mars 2013, req. 15598/08.

[3] §93 de l'arrêt.

[4] A. SCHILL, Commentaire sous l'arrêt Ostendorf, in E. DECAUX, P. TAVERNIER et M. BOUMGHAR, Chronique de jurisprudence de la Cour européenne des droits de l'homme (année 2013), JDI n° 3, Juillet 2014, chron. 6, p. 949-952, p. 951.

[5] *Ibid.*, p. 952.

[6] Concurring opinion of judges Lemmens and Jäderblom, sous l'arrêt Ostendorf contre Allemagne.

[7] Dans l'arrêt S.V.A contre Danemark de 2018, la Cour justifiera en partie sa position par une référence à l'arrêt Lawless contre Irlande du 1er juillet 1961, §104 à 108.

Le troisième infléchissement de la jurisprudence de la Cour porte précisément sur cette question du but de la détention préventive. Doit-il être limité à présenter l'individu arrêté à la justice dans le cadre d'une procédure pénale ou peut-il également concerner le seul maintien de l'ordre ? Dans l'arrêt S.V.A. contre Danemark de 2018[1], la Cour considère que l'exigence de but pour conduire un détenu devant un tribunal doit s'appliquer avec une certaine souplesse à la détention relevant du second volet de l'article 5-1 c) : si l'individu arrêté est conduit aussitôt devant un juge afin que celui-ci examine la régularité de la privation de liberté ou s'il a été libéré avant cela, l'exigence de but posée à l'article 5-1 c) doit être considérée comme respectée[2]. La Cour rappelle la nécessité d'éviter que les policiers ne se trouvent dans l'impossibilité pratique d'accomplir leur devoir de protéger le public contre la commission par des particuliers d'infractions dont la police avait ou aurait dû avoir connaissance[3]. La Cour opte donc pour une nouvelle interprétation de l'article 5-1-c mais elle prévoit des garde-fous : il revient aux autorités internes de démontrer de manière convaincante la nécessité de la détention[4]. Seuls deux juges n'ont pas suivi le raisonnement de la Cour et trouvent sidérant que la majorité de la Cour affirme avec insistance qu'il faut interpréter avec *souplesse* l'article 5-1 c)[5]. Pour la doctrine autorisée, c'est une remise en cause non justifiée de l'arrêt Ciulla de 1989[6] et il paraît étonnant de « lire dans un arrêt de la Cour qu'une disposition de garantie de la liberté et de la sûreté puisse être assimilée à un obstacle à la mission de la police »[7]. Il faut

---

[1] CEDH, S.V.A. contre Danemark, 22 octobre 2018, req. 35553/12.

[2] §118-126.

[3] Aperçu de la jurisprudence de la Cour européenne des droits de l'homme 2018, Conseil de l'Europe, Cour européenne des droits de l'homme 2019.

[4] Il faut que l'individu ait été prévenu mais n'ait pas obéi, qu'il n'y ait pas de mesures moins sévères, que l'infraction soit grave, et que la détention cesse dès que le risque est passé, Guide sur l'article 5 de la Convention, *op. cit.*

[5] Opinion en partie dissidente commune aux juges De Gaetano et Wojtyczek.

[6] J.-P. MARGUENAUD, « La Cour européenne des droits de l'homme arme le piège de la garde à vue préventive contre tous les hooligans et certains gilets jaunes », *RSC* 2019 p.169.

[7] J. ANDRIANTSIMBAZOVINA, « La création prétorienne d'une privation préventive de liberté en dehors d'une procédure pénale fondée sur le second

cependant noter que dans ce même arrêt, la Cour revient à une interprétation plus stricte de l'alinéa b) de l'article 5-1, en jugeant que la privation de liberté dont les requérants ont fait l'objet ne relevait pas de cet alinéa, car les requérants n'avaient pas reçu l'ordre précis de respecter une obligation[1].
Comment qualifier le choix opéré par la Cour : position pragmatique et souple de la Cour ou réduction de son rôle au respect de garanties minimales pour les libertés fondamentales[2] ?

2.2. Les justifications à ce souci de l'ordre public de la part de la Cour européenne des droits de l'homme

Dans la recherche d'une approche concrète des faits et des actions des autorités des Etats parties, la Cour fait souvent le choix du pragmatisme et de la souplesse. Mais cette justification a été très peu avancée pour expliquer la position adoptée par la Cour dans l'arrêt S.V.A contre Danemark[3].
On pourrait plutôt considérer que la solution de la Cour a été dictée par l'application du principe de subsidiarité car la Cour est aujourd'hui réceptive aux préoccupations des États en matière de protection de la sécurité publique[4]. En effet, dans les trois arrêts sous étude, la Cour fait référence aux décisions des juridictions nationales qui se sont prononcées sur les restrictions à la liberté de manifestation. Il faut noter particulièrement que dans l'arrêt S.V.A., la Cour juge utile de s'appuyer sur la jurisprudence de la Cour suprême du Royaume-Uni au titre de la jurisprudence nationale comparée[5]. Dans l'arrêt Austin, la Cour n'aperçoit aucun motif de se démarquer de la conclusion du juge interne selon laquelle la mise en place d'un cordon intégral était le moyen le

volet de l'article 5, paragraphe 1, c) de la convention », *Gaz. Pal* - n°41 - page 31 27/11/2018.
[1] *Ibid.*
[2] V. SIZAIRE, « Extension du domaine de la détention », La Revue des droits de l'homme [Online], Actualités Droits-Libertés, mis en ligne le 12 Juin 2019, consulté le 08 Juillet 2019.
[3] D. GOETZ, « Détention provisoire et hooliganisme : 1-0 pour la CEDH », *Dalloz Actualités* 2018.
[4] F. SUDRE, « Chronique de jurisprudence de la CEDH », *La Semaine Juridique Edition Générale* n° 1-2, 14 Janvier 2019, doctr. 32.
[5] §46 de l'arrêt.

moins intrusif et le plus efficace de parer à un risque réel de dommages corporels et matériels graves. Les juges européens majoritaires ont longuement fait référence au raisonnement des juges britanniques et ont tenu à rappeler que « la subsidiarité est l'un des piliers de la Convention »[1]. Cette explication est confirmée par une jurisprudence plus récente. En effet, dans l'affaire Eiseman-Renyard contre Royaume-Uni du 5 mars 2019, un comité de trois juges a conclu à l'irrecevabilité des requêtes en raison du juste équilibre établi par les juridictions internes entre l'importance du droit à la liberté et l'intérêt d'empêcher les requérants de troubler l'ordre public[2]. La solution de l'arrêt S.V.A. est reprise telle quelle, peut-être même sans les garde-fous posés par la Cour[3].

On serait tenté de proposer une dernière explication à ce nouvel équilibre entre sécurité et liberté : la Cour ne remet pas en cause la protection de la liberté de manifestation *pacifique*. En effet, le caractère pacifique des manifestations est une condition de leur conventionnalité, la Cour a toujours exigé des Etats une tolérance à l'égard des réunions pacifiques même illégales. Lorsque les manifestants ne commettent pas de violence, « les autorités doivent faire preuve d'un certain degré de tolérance à l'égard des réunions pacifiques, afin de ne pas priver l'article 11 de sa substance »[4]. Dans son rapport sur la situation des gilets jaunes en France[5], la Commissaire aux droits de l'homme du Conseil de l'Europe souligne que la Cour a jugé à plusieurs reprises qu'un

---

[1] N. HERVIEU, « Privation de liberté et ordre public : une regrettable révolution copernicienne dans la jurisprudence européenne », *op. cit.*

[2] CEDH Eiseman-Renyard, 5 mars 2019, req. 57884/17. Les faits étaient un peu cocasses : à l'occasion du mariage du duc et de la duchesse de Cambridge le 29 avril 2011, des militants républicains souhaitaient participer à une fête de rue intitulée « pas de mariage royal », tandis que se fomentait un « pique-nique zombie » dont les participants entendaient, à la place des traditionnels confettis, jeter des asticots sur la procession du mariage princier.

[3] V. SIZAIRES, « Selon que vous serez zombies ou hooligans… », La Revue des droits de l'homme [En ligne], Actualités Droits-Libertés, mis en ligne le 18 juin 2019, consulté le 27 décembre 2019.

[4] CEDH, Disk et Kesk contre Turquie, 27.11.2012, req. 38676/08.

[5] Commissaire aux droits de l'homme, Mémorandum sur le maintien de l'ordre et la liberté de réunion dans le contexte du mouvement des « gilets jaunes » en France, Strasbourg, 26 février 2019, CommDH(2019)8 Version originale, p. 9.

individu « ne cesse pas de jouir du droit à la liberté de réunion pacifique en raison d'actes de violence sporadiques ou d'autres actes répréhensibles commis par d'autres personnes au cours de la manifestation, dès lors que les intentions ou le comportement de cette personne demeurent pacifiques »[1]. En revanche, dès que le comportement des manifestants dépasse l'exercice normal de la liberté de manifestation, la Cour va le qualifier de comportement « répréhensible » que les autorités peuvent réprimer[2]. La Cour marque donc bien la frontière entre la gêne occasionnée par toute manifestation pacifique sur la voie publique, notamment par la perturbation de la circulation, que les autorités nationales doivent tolérer pour ne pas vider de son contenu la liberté de manifestation, et son débordement constitué par un blocage complet de la circulation, que les autorités peuvent sanctionner[3].

Cette position est confirmée *a contrario* par un arrêt récent contre la Russie dans lequel la CourEDH a conclu à l'unanimité à la violation de l'article 11 CEDH[4]. L'affaire concernait les poursuites engagées contre le requérant, accusé d'avoir participé à une flashmob qualifiée par les juridictions internes de manifestation statique nécessitant une notification préalable alors que la Cour considère la flashmob comme une « réunion pacifique »[5] et juge que les raisons invoquées par les autorités nationales pour justifier sa dispersion et les poursuites engagées contre le requérant n'étaient ni pertinentes ni suffisantes. Elle souligne en particulier que l'organisation d'une manifestation sans autorisation préalable ne justifie pas nécessairement une ingérence dans l'exercice par une personne de son droit à la liberté d'expression.

---

[1] CEDH, Frumkin contre Russie, 5 janvier 2016.

[2] CEDH Barraco contre France, 5 mars 2009, req.31684/05 : le blocage complet de l'autoroute était allé au-delà de la gêne inhérente à toute manifestation. Solution confirmée par l'arrêt de Grande Chambre Kudrevicius contre Lituanie du 15 octobre 2015, req. 37553/05 : le blocage quasi total de trois autoroutes « au mépris flagrant des ordres de la police et des intérêts et droits des usagers de la route » a pu être considéré par les juridictions nationales comme un comportement « répréhensible », même en l'absence d'actes de violence.

[3] C. DENIZEAU, « La liberté de manifestation en droit européen », *op. cit.* p. 29.

[4] CEDH, Obote contre Russie, 19 novembre 2019, req. no 58954/09.

[5] Sept personnes qui se tiennent debout en silence en brandissant une feuille de papier blanc ne sauraient en effet être qualifiées de menace à l'ordre public.

La latitude accordée par la CourEDH aux États dépend bien évidemment de l'importance du risque pour l'ordre public. On ne peut pas comparer une flashmob de sept personnes et un événement médiatique réunissant un grand nombre de membres de familles royales et d'autres chefs d'État étrangers, des milliers de citoyens étant attendus et la menace de terrorisme international étant jugée sérieuse. Il faut peut-être relativiser les craintes face à l'évolution "sécuritaire" de la jurisprudence de la CourEDH. En effet, soumise depuis quelques années à certaines pressions des États parties, la Cour se trouve face à la nécessité de faire preuve de plus de retenue judiciaire. Mais elle sait également jouer son rôle de gardienne des libertés lorsque c'est l'essence même des droits de l'homme qui est menacée par la réglementation et l'action des autorités étatiques, comme nous le montre la jurisprudence concernant la Russie en particulier.

XII. La responsabilité de l'Etat et du gendarme en cas de mauvais usage de la contrainte

Michel Labbé
Général de corps d'armée,
commandant l'inspection générale de la gendarmerie nationale (IGGN)

La question de l'usage de la contrainte – ou de la violence – par l'État ou le représentant de l'État qu'est le gendarme interroge régulièrement dans notre histoire.
On considère que l'État apparaît lorsque les individus acceptent de confier leur volonté à une force supérieure en échange de leur sécurité, qui suppose l'usage possible de la violence contre ceux qui pourraient la mettre en danger. Cette définition régalienne de l'État, qui se cantonne aux fonctions de sécurité et de sûreté des membres de la société, suggère ainsi que toute violence autre que celle de l'État serait nécessairement illégitime.
Mais la question qui fait débat aujourd'hui est celle du mauvais usage de la contrainte. Est-ce que la contrainte exercée par l'État doit toujours s'effacer au profit du droit ? Est-ce que le « bon » usage de la contrainte par l'État doit seulement satisfaire aux critères de légitimité et de légalité ?

Comme souvent en pareil cas, il n'est pas inutile de revisiter les fondamentaux qui continuent d'éclairer et d'inspirer notre démocratie, à savoir la Déclaration des droits de l'homme et du citoyen de 1789, qui demeure tellement moderne et contemporaine :
« - Art. 3. Le principe de toute Souveraineté réside essentiellement dans la Nation ... nul individu ne peut exercer d'autorité qui n'en émane expressément.
- Art. 5. La Loi n'a le droit de défendre que les actions nuisibles à la Société.
- Art. 12. La garantie des droits de l'Homme et du Citoyen nécessite une force publique : cette force est donc instituée pour l'avantage de tous, et non pour l'utilité particulière de ceux auxquels elle est confiée.

- Art. 13. Pour l'entretien de la force publique ... une contribution commune est indispensable.
- Art. 15. La Société a le droit de demander compte à tout Agent public de son administration. »

L'essentiel de ce que Max Weber appellera plus tard le monopole de la contrainte – ou de la violence – légitime est déjà là :

– l'affirmation de la souveraineté de l'État, encadrée par la loi, pour protéger la société, s'appuyant sur une force publique entretenue par tous et dont les agents sont responsables devant les citoyens ;

– la nature de la contrainte exercée par l'État, qui est principalement une contrainte physique ;

– l'État, qui n'est pas un être réel, ne peut accomplir lui-même aucune contrainte et délègue ces actes à des hommes – des gendarmes – en son nom (même si des actes de contrainte peuvent être accomplis par des individus qui ne sont pas des agents de l'État, mais autorisés par l'État, c'est le cas de la légitime défense);

– l'usage de la contrainte soulève de nombreuses questions, elle doit non seulement être prévue par le droit, mais aussi être acceptée par la population.

De fait, la contrainte, même légitime et légale, est aujourd'hui largement contestée et difficilement acceptée. Dès lors, le « mauvais usage » de la contrainte, ou la contrainte illégitime, pose nécessairement la question de la responsabilité de l'État, et parfois du gendarme.

1. La question de l'acceptabilité de la contrainte

La contrainte policière n'est pas – ou plus – envisageable autrement que dans une relation d'acceptabilité par l'opinion publique, qui estime si elle a été utilisée de manière satisfaisante, appropriée ou juste, sans préjudice de sa rareté.

Certaines circonstances conjuguent naturellement légitimité, légalité et acceptabilité de la contrainte (terrorisme), mais pour d'autres types de situations, le recours à un tiers autonome – l'autorité judiciaire – ou à un système de contrôle externe à la

gendarmerie – le Défenseur des droits – peut constituer des instruments puissants d'acceptabilité.
L'acceptabilité de la contrainte est favorisée par la capacité de la société à contrôler son usage notamment en limitant les dommages et en militarisant son emploi ; l'exemple du maintien de l'ordre et du contrôle des foules est éloquent à cet égard : résilience des gendarmes dotés d'équipements de protection performants, gradation des actions offensives, limitation du pouvoir discrétionnaire du gendarme (obéissance stricte aux ordres) et développement des armes de force intermédiaire susceptibles de réduire les dommages en fonction des circonstances de leur emploi et de la condition physiologique de celui qui reçoit le coup.
L'usage de plus en plus fréquent et manifeste de la contrainte pour résoudre des débats publics où la violence est présente n'est pas neutre pour la société (gilets jaunes, antispécistes, etc.). Cependant, un État démocratique doit savoir parfois montrer sa force, car s'il se montre dénué de possibilité de coercition, la question de sa pérennité est posée.
Ainsi, la contrainte ne serait légitime et acceptable que si elle assure un équilibre entre les impératifs de sûreté et de sécurité juridique, renvoyant ainsi implicitement tout « déséquilibre » au mauvais usage de la contrainte.

2. La responsabilité de l'État et du gendarme : analyse des pratiques juridiques

C'est souvent la responsabilité étatique qui est privilégiée par les juges administratif et judiciaire. Le policier ou le gendarme est ainsi de plus en plus exonéré de toute responsabilité pénale, car il n'a fait qu'obéir à sa hiérarchie en respectant les consignes d'utilisation (LBD, grenades).
Le pouvoir judiciaire renvoie alors les demandes de réparation devant les juridictions administratives compétentes pour connaître des litiges entre les citoyens et l'administration. Dès lors, ce sont les notions de responsabilité pour faute ou sans faute de l'administration qui s'affrontent. La responsabilité pour faute, c'est quand « on ne s'est pas conduit comme on l'aurait dû ». La responsabilité sans faute, apparue plus récemment, c'est quand

l'administration fait usage de choses dangereuses et que le dommage est en lien avec une activité de l'administration.
Les juges semblent hésiter, voire éviter, de créer une jurisprudence de la responsabilité sans faute. Plusieurs décisions concluent à un partage de responsabilité à 50-50 (ne pas se désolidariser de l'attroupement en restant à proximité des auteurs de violence), considérant que la victime doit être regardée comme ayant commis une faute à l'origine de son préjudice susceptible d'exonérer partiellement l'État de sa responsabilité (TA Nantes – 28 novembre 2016).
Le mouvement des « gilets jaunes » va générer un important contentieux judiciaire et administratif et il serait hasardeux, à ce stade, de définir l'attitude à venir des juridictions administratives s'agissant notamment des tirs de LBD ou de grenades GLI-F4 (d'autant que le débat n'est pas seulement juridique, mais politique en recherchant l'interdiction de certaines armes).

3. La responsabilité de l'État et du gendarme : des « mauvais » usages de la contrainte

Parmi les 1 500 signalements annuels que reçoit l'IGGN, une trentaine (21 en 2017, 27 en 2018 et 33 en 2019, dont 16 relatifs aux GJ) concerne des usages présumés inappropriés de la contrainte. Dans leur signalement, les citoyens évoquent souvent de manière explicite la nécessité de sanctions disciplinaires.
Mais la réalité, c'est que le mauvais usage de la contrainte n'est pas facile à prouver (comment démontrer que les dommages résultant de la contrainte exercée pour vaincre la résistance opposée par un individu lors de son arrestation sont illégitimes), et que l'usage de la force par le gendarme est par définition légitime. Ainsi, les sanctions disciplinaires pour violence illégitime ne sont pas les plus fréquentes. 26 sanctions pour « mauvais usage » de la contrainte (violences avec arme, sur personne gardée à vue, sur mineur, usage des armes, menace, etc.) ont été prononcées contre des gendarmes en 2018 (sur 3 500 sanctions). Ce chiffre est stable sur les cinq dernières années. Il peut, avec certaines réserves, être comparé aux sanctions pour violences prononcées dans la fonction publique (372 sanctions).

4. La responsabilité de l'État et du gendarme : l'action de l'IGGN

C'est tout le travail des enquêteurs de l'IGGN que d'essayer d'objectiver les faits et d'établir les responsabilités. S'agissant de la dénonciation de l'usage de la contrainte, il faut d'abord établir la réalité de la violence (y a-t-il eu violence) et aussi sa qualification (qu'est-ce qu'une violence). En général, quand à l'issue de l'examen des faits, la conclusion est : « cela n'aurait pas dû se passer ainsi », c'est qu'il existe un doute sérieux que l'enquête doit dissiper ou formaliser.
La typologie des enquêtes de l'IGGN susceptibles d'engager la responsabilité du gendarme pour mauvais usage de la contrainte se résume le plus souvent à deux situations : le manque de discernement et la démesure.
Le manque de discernement est une situation de disproportion entre l'usage de la contrainte et la situation concernée. Il est attendu du gendarme qu'il soit capable de saisir les indices lui permettant d'intervenir de manière adaptée. Le plaignant décrit les faits que le gendarme aurait dû repérer afin de prouver qu'il s'est trompé. Prenons un exemple récent : l'interpellation, à la suite d'une rixe, d'un jeune sourd et muet qui s'enfuit à vélo sans répondre aux injonctions des gendarmes. Sa mère s'adresse au Défenseur des droits dénonçant l'action des gendarmes alors que son fils n'était que témoin des faits. La légitimité de l'intervention du gendarme exige de démontrer que le comportement du jeune n'est pas normal après cette rixe en cherchant à s'enfuir et à se soustraire au contrôle quand les gendarmes lui demandent de s'arrêter alors qu'ils ne peuvent manifestement pas deviner qu'il est sourd et muet. Dans ce cas, la dénonciation du mauvais usage de la contrainte est moins l'exercice de l'intensité d'une force physique éprouvée que celle de l'incapacité des gendarmes à saisir la juste mesure de la situation.
La démesure renvoie à la notion d'abus de pouvoir. Le plaignant ne conteste pas la mesure prise à son endroit, mais son intensité ou son caractère démesuré par rapport au motif de l'interpellation. La controverse sur la légitimité se situe dans l'écart entre la mesure prise à l'encontre du plaignant et le comportement excessif du gendarme. La réplique du gendarme est de relativiser la

situation en reportant le reproche de disproportion sur le plaignant. Prenons à nouveau un exemple : une personne en chambre de sûreté est bruyante, insulte les gendarmes et demande à boire. Un gendarme lui jette le verre d'eau au visage et lui donne des coups que l'individu ne conteste pas à l'audience.

Conclusion

La question du mauvais usage de la contrainte et de la responsabilité de l'État ou de ses agents doit inévitablement être analysée et théorisée sous le prisme du droit, mais ne peut se réduire à un débat entre publicistes et pénalistes.
La préoccupation du chef de l'IGGN n'est pas d'opposer publicistes et pénalistes, mais bien de concilier la jurisprudence respectivement dégagée par ces magistrats avec la notion d'intérêt général en enquêtant sur les comportements des gendarmes, qui doivent pouvoir être *a minima* assurés de la garantie fondamentale de l'indépendance des enquêteurs.
Certains contestent avec facilité l'absence d'indépendance institutionnelle des inspections générales internes, en oubliant que dans les affaires les plus sensibles, ce sont les magistrats eux-mêmes qui procèdent directement à certains actes d'enquête. Rares sont également ceux qui évoquent d'une part les chartes déontologiques des inspections dans lesquelles les principes d'impartialité et de neutralité sont érigés en quasi-vertus, et d'autre part les procédures de déport, qui sont parfois mises en œuvre pour éviter tout conflit d'intérêts. Enfin, personne ne sait que le chef de l'IGGN ne dispose d'aucun pouvoir hiérarchique, de nomination ou de sanction, afin de matérialiser ce principe d'indépendance qui évite de le mettre en situation de « juge et partie ».
Quant au gendarme, il n'ignore aucune des conséquences de sa responsabilité en cas de mauvais usage de la contrainte. Il est parfaitement conscient qu'il s'expose au cumul des sanctions administratives et pénales pour les mêmes faits.

XIII. Propos conclusifs

Éric Mathais
Procureur du tribunal judiciaire de Dijon

Deux points apparaissent saillants.

Existe-t-il un mouvement de judiciarisation de la contrainte ?

À mon avis, incontestablement, elle concerne le juge judiciaire et le juge administratif, ce qui ne va pas sans risque :
D'une part, de compétition à la haute institution qui sera la plus protectrice des libertés individuelles (Cour de cassation, Conseil d'État, Conseil constitutionnel, Cour européenne des droits de l'homme...)
D'autre part, de morcellement du contrôle juridictionnel, donc moral de la contrainte au profit d'une multitude d'intervenants du type Défenseur des droits, ou haute autorité...
Qu'on le regrette ou qu'on s'en réjouisse, cette judiciarisation est inéluctable. Elle implique de la part des responsables des forces de sécurité intérieure une collaboration accrue avec une institution susceptible d'assurer une articulation idoine entre contrainte et contrôle juridictionnel : le parquet à la française. C'est même sans doute une occasion à saisir pour faire dialoguer harmonieusement police administrative et police judiciaire. Par exemple de nombreux parquets, dont celui de Dijon, ont décidé de mettre en œuvre une véritable stratégie de judiciarisation des manifestations violentes.
Le risque d'incidents violents survenus à l'occasion des manifestations de voie publique a nécessité d'instaurer une organisation et un dispositif spécifiques permettant une bonne anticipation et un traitement judiciaire adapté à des éventuels débordements ou actes de violence commis.
Cela consiste essentiellement à :

- veiller à ce que soit mise en place sur la manifestation une présence d'enquêteurs de police ou de gendarmerie ;

- mettre en place, sur réquisitions écrites du procureur (art. 78-2-2 du code de procédure pénale) des contrôles d'identité préventifs, des contrôles des bagages et des visites de véhicules ;
- en cas de besoin, ouvrir une enquête préliminaire du ou des chefs d'organisation d'une manifestation illicite (art. 431-9 du Code pénal) et/ou participation délictueuse à une manifestation en étant porteur d'une arme (art. 431-10 du Code pénal) et/ou participation à un groupement en vue de la préparation de violences ou destruction (art. 222-14-2 du Code pénal), avec un procès-verbal de contexte explicitant l'ouverture de l'enquête préliminaire

Mais il faut que le préfet et les chefs des forces de sécurité intérieure acceptent que le parquet ait des exigences et des demandes en une matière qui était autrefois réservée…

Notre société est de plus en plus traversée de contradictions et, dans un mouvement de va-et-vient, peut-être d'amplification, elle adresse à son tour à ses différentes composantes des « doubles injonctions contradictoires ».

Elle aspire à de plus en plus de libertés individuelles, et à de de moins en moins au respect des règles formelles.
Mais en même temps, elle semble avoir toujours plus d'exigence concernant la répression/la lutte contre les conséquences annexes de l'absence de contraintes (troubles sociaux, violences, dégradations…).
Elle souhaite moins d'organisation formelle, mais elle a toujours plus d'exigences concernant la sécurité collective et individuelle.
La société accepte difficilement que quand une personne participe à une manifestation interdite, elle puisse être exposée ou être victime de blessure, de mutilation, ou de mort.
Une grande part de nos concitoyens est globalement favorable à la création et au renforcement des droits individuels face à la contrainte physique, morale, voire légale. Or, dès lors qu'un droit supplémentaire est accordé à une personne ou à une institution, parallèlement et inéluctablement une charge est imposée à une

autre personne ou à une autre institution (souvent les pouvoirs publics, forces de sécurité, justice…). Cela implique alors plus de moyens et une complexification des procédures, ainsi qu'un intérêt social (par opposition à l'intérêt individuel) plus difficile à obtenir, voire à moindre efficacité des institutions.

La prise en compte et la bonne gestion de la judiciarisation de la contrainte est, par conséquent, une façon de tenter de limiter les effets parfois délétères des « injonctions contradictoires ».

Table des matières

Sommaire..7

I. Introduction : Xavier Latour..9
1. L'extension significative des formes de contrainte..............11
1.1 De la contrainte matérielle à la contrainte immatérielle.....11
1.2 La montée en puissance de la contrainte préventive...........13
2. Les interrogations relatives au contrôle juridictionnel de la contrainte..15
2.1 La contrainte au regard du dualisme juridictionnel............16
2.2 La contrainte au regard de la Cour européenne des droits de l'homme..17

II. Formation et déontologie : Sébastien Cojean...................21
1. Formation initiale à l'emploi de la contrainte......................21
1.1. Formations légale et technique..21
1.2 Apports de l'éthique...22
2. Le processus décisionnel...23
2.1 Les courants de la prise de décision...................................23
2.2 Traitement neurocognitif...25
2.3 Biais cognitifs et émotionnels...26
3. La contrainte..27
3.1 Définition et implication...27
3.2 Intervention graduée et dichotomie de la violence.............28
3.3 L'éthique de la violence..29

III. La place de la légitime défense dans l'action de la gendarmerie : Yves Mayaud...33
1. L'abandon des spécificités...34
1.1. L'ancien article 186 du Code pénal....................................34
1.2 L'ancien article 174 du décret du 20 mai 1903 36
2. Les supports du droit commun 38
2.1. L'article 122-5 du Code pénal 38

2.2 L'article L 435-1 du Code de la sécurité intérieure............41

IV. L'usage de la force : Aurélie Cappello............................43
1. Les cas énumérés..45
1.1 Description des différents cas..46
1.2 Appréciation juridique des différents cas 47
2. Les conditions requises...49
2.1 La nécessité et la proportion..49
2.2 L'enquête effective...52

V. Le maintien de l'ordre, aspects légaux : Marthe Bouchet55
1. Des mesures de police excessives 60
1.1 L'extension des fouilles et des visites 61
1.2 L'extension du fichage 62
2. Des mesures pénales superflues 64
2.1. La dissimulation du visage bis...65
2.2 La peine complémentaire bis..68

VI. Contrainte étatique et manifestation de rue : François Dieu 71
1. Une pratique reconnue par la démocratie pour peu qu'elle soit intégrée 72
2. Une pratique tolérée par le droit pour peu qu'elle soit pacifique...77

VII. Le maintien de l'ordre, aspects pratiques : Pierre Casaubieilh...85
1. Quelle doctrine ?..86
2. Mise en œuvre pratique de cette philosophie : préparation et équipements...88

VIII. Espace cyber : la contrainte légitime dans l'espace numérique : Marc Watin-Augouard.......................................91
1. La spécificité de la contrainte dans l'espace numérique 93
1.1. Une contrainte « médiatisée » 93

1.2. La contrainte numérique complément ou substitut de la contrainte dans le monde réel 95
2. La recherche de la preuve, finalité de la contrainte numérique 97
2.1. Les techniques d'enquête ou de renseignement, instruments juridiques de la contrainte numérique 97
2.2. L'encadrement de la contrainte par la dialectique sécurité/liberté 100
3. La contrainte sur les contenus numériques..102
3.1. Les contenus : objets de la contrainte..103
3.2. Les contenus numériques, matière première de la contrainte 106

IX. Contrainte préventive et ordre public :
Christian Vallar 111
1. Les contraintes sur les libertés d'aller et de venir et d'expression..112
1.1. Les interdictions administratives : des contraintes limitées 112
1.1.1 L'interdiction de stade : l'ordre public sportif..112
1.1.2. L'interdiction de circulation et de séjour et l'état d'urgence 114
1.1.3 Les mesures individuelles de contrôle et la lutte contre le terrorisme..114
1.1.4. La censure de l'interdiction de manifester..116
1.2. Les assignations à résidence : des contraintes renforcées116
1.2.1. La matrice de l'état d'urgence 116
1.2.2. La diffusion dans la législation antiterroriste 118
1.3. Les périmètres de protection : une mesure définie 119
2. Les contraintes sur l'inviolabilité du domicile et le respect de la vie privée 121
2.1. Les perquisitions et les visites : le domicile en question.121
2.1.1. La perquisition administrative et l'état d'urgence..121
2.1.2. La visite domiciliaire antiterroriste et l'intervention du juge judiciaire..122

2.2. Les saisies et le respect de la vie privée 123
2.2.1. La saisie de l'état d'urgence et le contrôle du juge administratif.. 123
2.2.2. La saisie antiterroriste et le contrôle du juge judiciaire 124
2.3. Les palpations de sécurité, l'inspection visuelle et la fouille des bagages et la visite des véhicules : de la censure à la légalisation antiterroriste 125

X. Points de vue sur les compétences du juge administratif et du juge judiciaire : Pauline Le Monnier de Gouville et Yan Laidié 127
1. Etat des lieux 127
2. Répartition des compétences 133
3. Garanties 146
4. Etendue du contrôle 151
5. Perspectives 163

XI. À la recherche d'un équilibre dans le contrôle de la contrainte par la Cour européenne des droits de l'homme : le cas de la liberté de manifestation : Hélène Tourard 167
1. La garantie de la liberté de manifestation face à la contrainte 172
1.1. L'encadrement des mesures d'arrestation permises 172
1.2. L'importance de la liberté de manifestation dans une société démocratique 175
2. Une primauté de la sécurité sur la liberté ?....................... 177
2.1. Un renforcement des pouvoirs de police pour garantir l'ordre public 178
2.2. Les justifications à ce souci de l'ordre public de la part de la Cour européenne des droits de l'homme 183

XII. La responsabilité de l'Etat et du gendarme en cas de mauvais usage de la contrainte : Michel Labbé 187
1. La question de l'acceptabilité de la contrainte 188

2. La responsabilité de l'État et du gendarme : analyse des pratiques juridiques 189
3. La responsabilité de l'État et du gendarme : des « mauvais » usages de la contrainte 190
4. La responsabilité de l'État et du gendarme : l'action de l'IGGN 191
Conclusion. 192

XIII. Propos conclusifs : Éric Mathais. 193

Structures éditoriales du groupe L'Harmattan

L'Harmattan Italie
Via degli Artisti, 15
10124 Torino
harmattan.italia@gmail.com

L'Harmattan Hongrie
Kossuth l. u. 14-16.
1053 Budapest
harmattan@harmattan.hu

L'Harmattan Sénégal
10 VDN en face Mermoz
BP 45034 Dakar-Fann
senharmattan@gmail.com

L'Harmattan Cameroun
TSINGA/FECAFOOT
BP 11486 Yaoundé
inkoukam@gmail.com

L'Harmattan Burkina Faso
Achille Somé – tengnule@hotmail.fr

L'Harmattan Guinée
Almamya, rue KA 028 OKB Agency
BP 3470 Conakry
harmattanguinee@yahoo.fr

L'Harmattan RDC
185, avenue Nyangwe
Commune de Lingwala – Kinshasa
matangilamusadila@yahoo.fr

L'Harmattan Congo
67, boulevard Denis-Sassou-N'Guesso
BP 2874 Brazzaville
harmattan.congo@yahoo.fr

L'Harmattan Mali
Sirakoro-Meguetana V31
Bamako
syllaka@yahoo.fr

L'Harmattan Togo
Djidjole – Lomé
Maison Amela
face EPP BATOME
ddamela@aol.com

L'Harmattan Côte d'Ivoire
Résidence Karl – Cité des Arts
Abidjan-Cocody
03 BP 1588 Abidjan
espace_harmattan.ci@hotmail.fr

L'Harmattan Algérie
22, rue Moulay-Mohamed
31000 Oran
info2@harmattan-algerie.com

L'Harmattan Maroc
5, rue Ferrane-Kouicha, Talaâ-Elkbira
Chrableyine, Fès-Médine
30000 Fès
harmattan.maroc@gmail.com

Nos librairies en France

Librairie internationale
16, rue des Écoles – 75005 Paris
librairie.internationale@harmattan.fr
01 40 46 79 11
www.librairieharmattan.com

Lib. sciences humaines & histoire
21, rue des Écoles – 75005 Paris
librairie.sh@harmattan.fr
01 46 34 13 71
www.librairieharmattansh.com

Librairie l'Espace Harmattan
21 bis, rue des Écoles – 75005 Paris
librairie.espace@harmattan.fr
01 43 29 49 42

Lib. Méditerranée & Moyen-Orient
7, rue des Carmes – 75005 Paris
librairie.mediterranee@harmattan.fr
01 43 29 71 15

Librairie Le Lucernaire
53, rue Notre-Dame-des-Champs – 75006 Paris
librairie@lucernaire.fr
01 42 22 67 13

www.ingramcontent.com/pod-product-compliance
Lightning Source LLC
LaVergne TN
LVHW010936061026
849535LV00007B/2427
* 9 7 8 2 3 4 3 1 9 8 4 6 0 *